Julia Anspach

Bonn

Porträt einer Stadt

Julia Anspach

Bonn

Porträt einer Stadt

GMEINER KULTUR

Ich danke meiner Familie für Kamera, Unterstützung, Geduld und Liebe.
Vor allem Noemi danke ich, dass sie Noemi ist.

Lieber Leser, wenn Sie ein Feedback zum Buch geben möchten, bitte schreiben Sie uns!
Autor und Verlag freuen sich über Ihre Rückmeldung.
stadtgespraeche@gmeiner-verlag.de

Besuchen Sie uns im Internet:
www.gmeiner-verlag.de

Im Ehnried 5, 88605 Meßkirch
Telefon 07575/2095-0
info@gmeiner-verlag.de

1. Auflage 2016

Satz: Mirjam Hecht
Umschlaggestaltung/Bildbearbeitung: Benjamin Arnold
Kartendesign: Mirjam Hecht, © The World of Maps (www.123vectormaps.com)
Druck: AZ Druck und Datentechnik GmbH, Kempten
Printed in Germany
ISBN 978-3-8392-1988-1

»Wat fott es, es fott.«

Rheinisches Grundgesetz, Artikel 4, und der ehemalige Bundesarbeitsminister Norbert Blüm über Bonns Verhältnis zur Bundesregierung

ADT

1 Comedian im Messdienergewand

Bernhard Hoëcker debütierte in der St.-Magdalena-Kirche

Vergeblich wartete der junge Bernhard an der Holztür auf der Rückseite der Kirche, doch sein Freund kam nicht. Er versetzte ihn und brachte den Achtjährigen auf diese Weise zu seinem ersten Soloauftritt – als Messdiener. Heilfroh war er, dass sein Vater in die Messe gekommen war und dort in der ersten Reihe der nur wenig gefüllten Holzbänke saß, um ihm Beistand zu leisten. Trotzdem klopfte sein Herz so sehr wie heute vor einer Premiere vor ausverkauftem Haus. Bernhard Hoëcker musste an diesem Tag erstmals das tun, was er inzwischen mit großem Spaß betreibt und immer weiter perfektioniert. Er improvisierte gewissermaßen, indem er als einziger Messdiener den Pastor durch die Andacht in der Kirche St. Maria Magdalena in Endenich begleitete.

An diesem Ort verbrachte der erfolgreiche Comedian unzählbare Tage seiner Kindheit und Jugend. Noch heute kennt er beinahe jeden Baum rund um die Kirche. Fast jeder Busch birgt eine Erinnerung. Hinter dem einem verbarg er sich beim Versteckspiel, hinter dem anderen fanden erste heimliche Begegnungen mit Mädchen statt.

Nachdem die Familie Hoëcker von Neustadt an der Weinstraße nach Bonn gezogen war, trat Bernhard der katholischen Jugend bei. Zeitweise zog es ihn täglich in die Magdalenenstraße. Der damalige Kaplan förderte die Jugendarbeit und beschäftigte sich viel mit den Kindern. An den Nachmittagen spielte Bernhard hier Fußball, lernte tanzen und feierte Partys. Mit 15 Jahren wurde er Jugendleiter, übernahm Verantwortung und lernte die Dinge, »die man wohl als soziale Kompetenz bezeichnet: anderen zuhören, sie ausreden lassen, Dinge auf den Punkt bringen oder eine Redeliste führen.«

An Pfingsten begleitete er die traditionellen Zeltlager, die er später auch organisierte. Das Wandern als Freizeitgestaltung war ihm beinahe in die Wiege gelegt. In der Kindheit verbrachte er mit seiner Familie die Ferien am Weißensee in Kärnten sowie im Bayerischen Wald. In einem Sommerurlaub erlief er sich sogar einmal die Goldene Wandernadel. Selbst heute pflegt er dieses Hobby in Form

Als Junge versteckte sich Bernhard hinter den Büschen neben der Kirche

des Geocachings. »Wichtig war und ist mir, dass Wandern kein zielloses Umherlaufen ist. Am Ende muss ein Ziel existieren, eine Art der Belohnung«, erklärt Hoëcker. Dies kann das Buch sein, in das sich erfolgreiche Wanderer beim Geocaching eintragen, wenn sie ihr Ziel erreicht haben. Ebenso gut kann es ein besonderer Ort sein. Eine Sammlung solcher Orte, die er selbst erkundet hat, findet sich in dem Buch *Hoëckers Entdeckungen. Ein merkwürdiges Bilderbuch längst vergessener Orte*. Bereits in seiner Zeit als Jugendleiter konnte er dafür sorgen, dass die Ausflüge und Wanderfahrten ein Ziel hatten.

Nicht zuletzt bekam der Comedian in der Kirche Impulse für seine Karriere. Im Erdgeschoss des Pfarrhauses besuchte Bernhard Hoëcker nämlich die Theater-AG. Bei dem ersten Stück, in dem er mitspielte, handelte es sich um eine Kunstsatire des israelischen Autors Ephraim Kishon, dessen Bücher, Sketche und Filme sich in den 80er-Jahren großer Popularität erfreuten. *Zieh den Stecker raus, das Wasser kocht* lautet der Titel des Dreiakters.

»Da hat alles angefangen«, erzählt Bernhard. »Bei diesem Auftritt habe ich gesehen, wie schön es ist, wenn Leute wegen mir lachen.« Er spielt fortan regelmäßig Theater in einer AG, und es folgen jährliche Karnevalsauftritte. Auf den Wiesen und Wegen rund um die Kirche lernt Bernhard Hoëcker auch das Jonglieren. Aus dem Hobby wird ein Job, denn sein Studium der Volkswirtschaftslehre verdient er sich durch Auftritte; die vorlesungsfreien Stunden verbringt er mit Jonglage-Übungen auf der Hofgartenwiese des Hauptgebäudes der Universität. Das Interesse an der institutionalisierten Wissenschaft versiegt, die Liebe zu öffentlichen Auftritten hingegen bleibt. Nur wenige Meter von St. Maria Magdalena entfernt, im Theater *Haus der Springmaus* in Endenich, gehört er lange zum Impro-Team, heute kann man ihn stets mit dem aktuellen Soloprogramm vor regelmäßig ausverkauftem Hause erleben.

Das Komische bleibt auch sein Element, als er im Fernsehen von sich reden macht. 1997 gehört er zu den Comedians, die der Sketch-Reihe *Switch* auf ProSieben zum Erfolg verhelfen, an den *Switch reloaded* 2007 anknüpft. Nach 2003 ist er fester Bestandteil des Rateteams von *Genial daneben*. Mit diesem Team bekommt er 2003 und 2006 den *Deutschen Comedypreis* und 2004 den *Deutschen Fernsehpreis*. Seit 2014 tritt er in *Vier sind das Volk* auf.

Es folgen zahlreiche Shows und einige Filme, doch die Improvisation liebt er besonders. Von 2004 bis 2011 spielt er regelmäßig einen von Cordula Stratmanns Freunden in der ebenfalls preisgekrönten Show *Schillerstraße*. Nur beim Improvisieren gebe es diese »magic moments« – die Situationen, in denen die Schauspieler sich die Bälle zuspielen, in denen »alle harmonieren und ineinandergreifen. Ich bin selten so entspannt wie beim Improvisieren.« In diese Interaktion bezieht Hoëcker nicht nur die Schauspieler mit ein. Auch die Zuschauer haben mehr zu sein als eine Masse Konsumierender. »Das Publikum soll auch etwas tun«, findet Hoëcker. »Es soll lachen.« Wie ernst es ihm mit dieser Aussage ist, lassen seine Auftritte in verschiedenen Shows erkennen. Wie kaum ein anderer dreht er sich zum Publikum, gestikuliert und sucht den Blickkontakt, sodass die Verbindung und die Atmosphäre, die zwischen ihm und dem Publikum entstehen, noch vor dem Bildschirm zu spüren sind. Offensichtlich gelingt ihm

An der hinteren Kirchentür wartete Bernhard vergebens

auch die Rolle des Team-Players, denn es kann wohl kaum ein Zufall sein, dass er zur festen Besetzung der erfolgreichsten preisgekrönten Improvisationsgruppen im Fernsehen gehört. Dabei ist er bescheiden geblieben. Wie der kesse Junge von nebenan läuft er um die Kirche und freut sich, dass ihn einige Ecken und Büsche an die Spiele seiner Kindheit erinnern.

Den Weg in die Kirche findet er sonst nur noch an hohen Feiertagen, zu besonderen Anlässen und ihm nahestehenden Menschen zuliebe. Denn der Glaube an Gott ist ihm verloren gegangen. Dafür gab es keinen bestimmten Anlass oder Grund. »Es war wie am Meer. Eine Welle kommt und umspült einem die Füße«, vergleicht er. »Während man im einen Moment noch bis zu den Knöcheln im Wasser steht, merkt man kurze Zeit später, dass es weg ist. Ohne, dass man jeden einzelnen Tropfen verschwinden sah.« So war es mit seinem Glauben. Dennoch gehört er keineswegs zu jenen Menschen, die andere überzeugen wollen, dass der Atheismus die richtige Glaubensform ist, denn eigentlich »ist er nur Glaube mit umgekehrtem Vorzeichen.«

Er hinterfragt sämtliche Phänomene und Aussagen mit großem Misstrauen. Daher unterstützt er die Gesellschaft zur wissenschaftlichen Untersuchung von Parawissenschaften (GWUP), die versucht, parawissenschaftliche Behauptungen oder Beobachtungen durch seriöse wissenschaftliche Experimente zu beweisen. Bisher gelangte sie dabei stets zu dem Ergebnis, dass die parawissenschaftliche Behauptung, die dem Versuchsaufbau zugrunde lag, objektiv nicht nachprüfbar und folglich nicht haltbar war. Seine Aufgabe – insbesondere als Künstler – sieht Hoëcker nämlich darin, die Wahrnehmung der Menschen zu objektivieren. »Das Grundprinzip des Lebens ist Wahrnehmungsverzerrung. Wir alle suchen nach Mustern«, sagt er. »Wichtig ist es, die eigene Wahrnehmung und die der anderen immer wieder zu überprüfen und zu korrigieren.« Das gelte in allen Bereichen der Gesellschaft: in Kultur, Politik und den Medien. Beispielsweise stehe nie in der Zeitung, kein Ausländer habe eine Bank überfallen. Stattdessen würden häufig Ausländer im Zusammenhang mit Kriminalität besonders hervorgehoben. »An solchen Stellen müssen wir alle innehalten und unsere Wahrnehmung überprüfen.«

Das hält Hoëcker auch bei der Homöopathie für notwendig. »Wenn jemand, der gesundheitliche Probleme hat, Kügelchen isst, an deren heilsame Wirkung glaubt und sich danach besser fühlt, ist das wunderbar. Dann handelt es sich bloß nicht um Medizin. Tatsächlich ist das Religion.« Er hat nichts dagegen einzuwenden, wenn der Glaube gesund macht. »Man muss nur wissen, was es ist.« Dann könne man der helfenden Kraft der Religion auch Gutes abgewinnen.

Das muss allerdings nicht heißen, dass man nicht darüber lachen darf. Denn Bernhard Hoëcker lacht über fast alles. Und das liegt nicht nur an seiner Liebe zu Komik und Theater. Er ist mehr als ein Comedian, der laut Wikipedia »ein Rollenfach beim Theater« ist. Bernhard Hoëcker spielt längst nicht mehr die komische Rolle. Er reagiert spontan, schlagfertig und geistreich. Bernhard Hoëcker ist im wahrsten und wohlmeinendsten Sinne des Wortes komisch.

PFARRKIRCHE ST. MAGDALENA
MAGDALENENSTRASSE 25
53121 BONN
GEMEINDEN.ERZBISTUM-KOELN.DE/
MARIA-MAGDALENA-CHRISTI-AUFERSTEHUNG

2 Durch Sprache verführbar

Dr. Norbert Blüm am Germanistischen Seminar der Universität

Als die *Bild*-Zeitung im Jahr 2005 »Wir sind Papst« titelte, holte das Ehepaar Blüm seine Seminarscheine hervor. Denn es war ihr ehemaliger Theologieprofessor, der den apostolischen Stuhl bestieg. Nun wollten sie wissen, wer damals besser abgeschlossen hatte. In Joseph Ratzingers Vorlesung hatten sich die Blüms nämlich dereinst kennengelernt, als sie beide an der Universität Bonn studierten.

»Ich bin zum Studium gekommen wie die Jungfrau zum Kinde«, erzählt der ehemalige Arbeitsminister. Der 1935 Geborene absolvierte sein Abitur mit 25 Jahren auf dem Abendgymnasium, nachdem er bei Opel gearbeitet hatte. Die Studienberatung in Köln unterbreitete ihm Vorschläge, welche Fächer sich für einen Werkzeugmacher mit praktischer Erfahrung eigneten, nämlich Volks- oder Betriebswirtschaft. Diese Tipps halfen Blüm nicht. Sein Kriterium lautete: »Was ist das unwirtschaftlichste und unvernünftigste Fach von allen?« So immatrikulierte er sich für Philosophie, Germanistik, Geschichte und Soziologie in Köln. Doch zum Kanon des Unvernünftigen fehlte die Theologie. Daher wechselte er an die Bonner Universität, wo »alles war, was in der Theologie große Namen hatte«.

Vor allem der spätere Papst beeindruckte ihn nachhaltig. Er selbst hatte bereits von Kindesbeinen an Schwierigkeiten mit der Erlösungstheologie. »Wieso muss Gottvater durch den Kreuzestod seines Sohnes besänftigt werden?«, fragt Blüm. Dieser Deutung habe Ratzinger eine andere Theologie entgegengesetzt: »Die Erlösung besteht darin, dass Gott Mensch wird, und zwar handfest existenziell. Er wird Mensch bis ins Extrem, das bittere Ende am Kreuz. Mehr Solidarität gibt es nicht. Dies ist der erste Schritt zur Säkularisation.«

Ratzinger sei als Papst eine Fehlbesetzung gewesen. Diese habe es jedoch ermöglicht, das Papstamt neu zu definieren. Durch seinen Rücktritt habe er es revolutioniert und fast trivial säkular erklärt. »Der Rücktritt war seine größte Leistung. Das habe ich ihm auch gesagt«, so Blüm. Denn er nimmt kein Blatt vor den Mund – das hat er nie getan.

Mit diesem Foto immatrikulierte sich Norbert Blüm an der Universität

Neben der Theologie besaß die Germanistik in Bonn einen besonderen Ruf. Vor allem Benno von Wiese zog Studierende an. Sein Oberseminar sei das Paradies für Germanisten gewesen. Jährlich nahm es nur die Anzahl Studierender auf, die im vergangenen Semester ausgeschieden waren. »Ich hatte das Glück«, sagt Blüm.

Zwei Studentinnen, die ein Semester nach ihm folgten, »glaubten, sie hätten nun den elitären Himmel der deutschen Geisteswissenschaften erklommen und seien unter lauter feinen Leuten.« Er grinst. Diesen Glauben nahm er ihnen. Als das Oberseminar nach Düsseldorf fuhr, um dort die *Iphigenie* zu sehen, saß er im Bus hinter den Neuen. »Ob der den Appel heut trifft?«, fragte Blüm einen Kommilitonen in seiner charakteristischen Mundart. Er lacht, als er von dem Gesicht des Professors erzählt, der ihrem Gespräch aus der ersten Reihe lauschte.

Nach der Ankunft habe eine Straßenbahn nach Benrath ihren Weg gekreuzt. »Guck mal, da ist ja die Benrather Linie«, rief Blüm. Der Kalauer über die Isoglosse, welche die Grenze zwischen dem nördlichen und dem südlichen Bereich der zweiten Lautverschiebung definiert, rief bei den Studentinnen nur Kopfschütteln hervor. »Die beiden sind aus allen Wolken gefallen. Sie dachten, sie kommen zu Feinsinnigen, und stattdessen landeten sie bei solchen Proleten.« Benno von Wiese indes teilte Blüms Humor.

Blüm achtete seinen Professor nicht nur aufgrund des Humors. Von Wieses geistesgeschichtlicher Zugriff auf den Stoff kam ihm entgegen. Selbst an klassische Themen gingen einige Professoren sehr direkt heran, »nicht so betulich philologisch«. Sprachlich seien sie alle großartig gewesen. »Ich bin durch Sprache verführbar«, schwärmt Blüm.

1967 wurde er mit einer Arbeit über »Willenslehre und Soziallehre von Ferdinand Tönnies. Ein Beitrag zum Verständnis von Gemeinschaft und Gesellschaft« bei dem Philosophieprofessor Vinzenz Rüfner promoviert. Danach schlug Blüm den politischen Weg ein.

Seine Vorliebe für Sprache und sprachlichen Witz prägte den Alltag. »In der Politik bin ich manchem Sprachgenie begegnet.« Ein »Meister der Sprache« sei Franz Josef Strauß gewesen. Bewundert habe er Herbert Wehner, der »nach dem siebten Nebensatz noch das Verb fand« und »wunderbare Zwischenrufe« gemacht habe, sowie Rainer Barzel, den »Meister des glatten Wortes«. »Ich selbst war auch nicht schlecht«, gesteht er grinsend. »Durch meine Zwischenrufe habe ich ganze Reden zur Sau gemacht.«

Helmut Schmidt, »ein begnadeter, wenn nicht gar der begabteste Rhetoriker seiner Zeit«, habe die Technik des Ablesens perfekt beherrscht. Einst verlas er eine Regierungserklärung. »Vor dem atemlos gespannten Plenum erhob er auf einem Höhepunkt die Augen zum Himmel, um sich den nächsten Teil des Satzes per Inspiration vom heiligen Geist vorsagen zu lassen.« Blüm erhebt seine Stimme salbungsvoll; die Handflächen zeigen wie der Blick zur Decke. »In diese atemlose Stille ruft der Abgeordnete Blüm dazwischen: ›Guck aufs Blatt!‹.« Als er lacht, scheint er wie der Student, der zur Vorbereitung der *Iphigenie* scherzhaft nach dem »Appel« fragt. »Die Rede war kaputt, denn alles hat gelacht, einschließlich der SPD. Alle wussten, dass die Rede vollständig vor ihm lag. Da war nichts mit göttlicher Inspiration.« Ihm selbst habe eher die freie Rede gelegen. »Wenn ich ablese, glaubt man, ich sei Legastheniker.«

Für Norbert Blüm ist die Arbeit im Parlament wie ein Fechtkampf. Man kämpft mit Argumenten um Beifall, sodass es auch etwas mit Schauspiel zu tun hat, im Unterschied dazu aber existenziell ist. Der uralte Gegensatz zwischen Exekutive und Legislative »ist ein Turnier! Wahre Demokratie ist pure Spannung!« Leider fehle aktuell

In der Bibliothek des Germanistischen Seminars studierte Blüm die Klassiker

der dramaturgische Effekt, den es gab, als die Abgeordneten noch nah am Rednerpult saßen. Wenn man Redner und Zuhörer in einem Kreis anordne, gestalte man Klubatmosphäre. Zudem gebe es heute eine atomisierte Öffentlichkeit. Man könne die Kommuniqués ebenso gut über das Internet austauschen.

Blüm hält aktuell nicht nur die Auseinandersetzung, sondern vor allem die politische Stärke im Hinblick auf Europa und die Flüchtlingsfrage für besonders wichtig. »Aus meiner Sicht darf man in bestimmten Situationen nicht wackeln.« Kein AfD-Wähler werde CDU wählen, wenn man nachgebe und zum Nationalstaat zurückkehre. »Im Gegenteil: Jetzt musst du Steilwand fahren und Gas geben. Man muss brutal sagen: Der Nationalstaat ist zu Ende. Es gibt jetzt nur Vorwärts!«

Hierbei denkt er an seine Erfahrungen als Bundesminister zurück, als im Hofgarten 1983 die Demonstration gegen Nachrüstung stattfand. »Die Nachrüstung war der Beginn der ersten ernsthaften Abrüstungsverhandlung, die schließlich zur Abrüstungsvereinbarung führte, ohne die die deutsche Einheit nicht möglich gewesen wäre«, meint er. »Wir wussten nicht sicher, dass es der richtige Weg ist. Aber ich habe es geglaubt.« So habe die Regierung Kohl die ursprüngliche

Linie von Helmut Schmidt weiterverfolgt. Heute hält Blüm Europas Zukunft für ein zentrales Problem.

Doch auch gegenüber dem sogenannten Islamischen Staat müsse man konsequenter vorgehen und Stärke demonstrieren. »Ich bin für politische Lösungen, aber mit den Leuten vom sogenannten Islamischen Staat kann man nicht reden. Das ist Barbarei und hat mit religiöser Toleranz nichts zu tun.« Wenngleich er sich in Magazinen gerne als alten Mann darstellt, bleibt er also kämpferisch. »Es geht ja schließlich um meine Enkel!« Norbert Blüm war immer kämpferisch, hat manche Auseinandersetzung gesucht und manche Etikette verletzt. »Da habe ich mal wieder die wilde Sau gegeben«, kommentiert er rückblickend lapidar.

Kaum ein Politiker kämpfte so für Bonn als Hauptstadt wie er. Dies geschah jedoch nicht aus Gründen des Lokalpatriotismus. »Die Mentalität des Rheinlandes ist eine demokratieförderliche: Leben und leben lassen. Bonn eignet sich nicht für Paraden, aber es hat der Bundesrepublik gutgetan.« Es habe Deutschland die Anbindung an die Traditionen der westlichen Aufklärung beschert, Berlin als Zentrum Preußens indes verkörpere die romantische Idee einer deutschen Nation, die meint, »am deutschen Wesen soll die Welt genesen«.

Eine Revision sei jedoch unnötig. »Die Rheinländer sagen: ›Watt fott is, is fott.‹ Es gibt Wichtigeres als Standortfragen.« Er zuckt mit den Schultern. »Wenn es so ist, wie ich denke, dass wir Europäer werden, dann sind nationale Metropolen ohnehin nicht mehr die Hauptpunkte, sondern Europa und Regionen werden wichtiger.«

GERMANISTISCHES SEMINAR
DER UNIVERSITÄT BONN
HEUTE: ROMANISTISCHES SEMINAR
DER UNIVERSITÄT BONN
AM HOF 1
53113 BONN
WWW.GERMANISTIK.UNI-BONN.DE

Utopien voller bunter Matronen

Marianne Pitzen schuf das erste Frauenmuseum der Welt

Für manche Bonner ist sie die Frau mit der außergewöhnlichen Frisur. Vielen Frauen auf der Welt gilt sie als Vorbild. Denn Marianne Pitzen hat in Bonn etwas geschaffen, das weltweit seinesgleichen sucht: das Frauenmuseum. Hier gibt sie Künstlerinnen Raum, um ihre Arbeiten zu präsentieren.

Dass Marianne selbst eines Tages Künstlerin würde, stand früh fest. Mit acht Jahren bekam sie einen Rahmen geschenkt, für den sie täglich ein neues Bild malte. Später stieß sie in den großen Kunstbänden ihrer Eltern auf ein frühes Vorbild: Maria Sibylla Merian. Doch wenngleich Merian in Nürnberg lebte und tätig war, entdeckte Pitzen dort nur wenige Hinweise auf sie im Stadtbild.

Seit ihrem dritten Lebensjahr wurde sie hier ständig mit der Geschichte konfrontiert. »Die Stadt lag in Trümmern«, erzählt Pitzen. »Darunter steckte in jedem Keller und Gewölbe Geschichte. Nürnberg war doppelbödig, und die Geschichte klang aus dem Boden mit.« Als sie elf Jahre alt war, zog die Familie nach Bonn. Es sei »merkwürdig geschichtslos« gewesen. »Eine flache 50er-Jahre-Ästhetik ohne Tiefgang war vorherrschend.« In beiden Städten fehlten Frauen und vor allem Künstlerinnen. Marianne suchte nach ihnen in zahlreichen Museen der Bundesrepublik. Unausgesprochen lege die offizielle Kunstgeschichtsschreibung bis heute die Vermutung nahe, was man nicht sehe, sei nicht gut.

Zu Pitzens wichtigstem Thema wurde somit die Gestaltung von Räumen durch und für Frauen. Die Frisur wurde bereits zu Studienzeiten ihr Markenzeichen, der Name ihrer ersten Künstlergruppe Programm: *frauen formen ihre stadt.* »Die Stadt meiner Kindheit war schwarz, da der Nürnberger Sandstein die Farbe der Asche in den letzten Kriegstagen annahm«, erzählt Pitzen. Sie begeisterte sich stattdessen für Farben, malte knallbunte Matriarchate. »Ich war begeistert, wie farbig die Welt ist. Und ich erkannte: Diese Welt und ihre Farben gehören zu mir.« Bunte Begeisterung sprudelt geradezu aus ihr hervor, wenn sie erzählt. Die utopische Literatur habe sie in-

Marianne Pitzen arrangiert ein Kunstwerk

spiriert. Sie strebte danach, »halb gare Träume zu verifizieren. Es war die Stadt im Kopf, die ich umsetzen wollte.«

Einen besonderen Raum für Frauen etablierte sie 1981 mit dem Frauenmuseum – ein zu diesem Zeitpunkt weltweit erstmaliger Erfolg. Es manifestiert die Anwesenheit von Frauen in Kunst und Kunstgeschichte. 1998 wurde Pitzen mit dem Bundesverdienstkreuz dafür geehrt. Neben Dauerausstellung und wechselnden Ausstellungen zu aktuellen Anlässen gibt es unter dem Dach des Museums acht Ateliers von Künstlerinnen, auch Pitzens eigenes Atelier: Auf engem Raum sitzen Angela Merkel und Condoleezza Rice in Pappmaschee, tummeln sich Matronen, beobachtet von Christine de Pizan. Pitzens Kunst besitzt immer politische und historische Bezüge. Eine Historikerin setzt die Ausstellungen des Frauenmuseums in den gesellschaftlichen und zeitgeschichtlichen Kontext. Das ist für Pitzen unerlässlich. Oft habe, wer sich für Kunst begeistere, an Geschichte kein Interesse, während »die Kunst den Historikern nicht ernst genug ist.« Dabei seien doch beide voneinander abhängig. »Vieles in der Kunst wird erst durch die Historie deutlich. Und die Geschichte wird durch die Kunst griffiger.« Pitzen will der weiblichen Stimme auch in der Geschichte Ausdruck verleihen.

Mit Christine de Pizan erinnert sie an die Erfinderin der wohl ersten emanzipierten Utopie, an das im 14. Jahrhundert verfasste *Buch von der Stadt der Frauen*. Dadurch bleibt die Utopie als Thema in ihrer Kunst stets präsent und verbindet sich mit der Erfahrung der Geschichte.

Prominent unter ihren Pappmaschee-Figuren sind die Matronen in leuchtenden Farben nach dem Vorbild keltischer Schutzgöttinnen. Der Fund von 37 Weihesteinen bei Ausgrabungen unter dem Bonner Münster im Jahre 1928 belegte die Existenz eines bedeutenden antiken Kultplatzes. Pitzens Matronen entwickeln sich mit jeder neuen Lage Papier schichtweise weiter. Die Ähnlichkeit der geschwungenen Matronenhauben, die Wissen und Kreativität symbolisieren, mit Pitzens Frisur ist unverkennbar. »Hoffentlich hat sich auch bei mir inzwischen ein bisschen Weisheit angesammelt«, lacht sie und rückt ihre Haarschnecken zurecht.

Selbst wenn Marianne Pitzen über fehlende Frauen in der Kunst und über Unrecht in Geschichte, Politik und Gesellschaft spricht, klingt ihre Stimme leicht. Was sie sagt, was ihre Kunst aussagt, wie sie selbst ihre Kunst beschreibt, wirkt nie moralinsauer, sondern kommt leicht und mit einem Augenzwinkern daher, mit dem Pitzen den Blick noch auf sich selbst zu richten scheint.

Und wie sehen ihre weiteren Pläne aus? Der 500. Jahrestag von Luthers Thesenanschlag 2017 gibt Anlass, sich Katharina von Boras Leben zu widmen, deren historische Rolle und Bedeutung meist zu einseitig betrachtet werde. Und Bonns wichtiges Jahr 2020? Pitzen lächelt. An Ideen mangelt es gewiss nicht. Ein weiteres Thema, »das immer durch meinen Kopf geistert, ist die Freundschaft von Frauen und Männern von der Romantik bis heute.« Man darf gespannt sein!

FRAUENMUSEUM BONN
IM KRAUSFELD 10
53111 BONN
WWW.FRAUENMUSEUM.DE

4 »Ich bin da irgendwie reingeschliddert«

Wolfgang Wiedlich ist Präsident der »Baskets« im Telekom Dome

Es war einmal im Westen der Stadt. Die Abordnung einer Partei ließ sich den Rohbau des Telekom Domes zeigen. Beim Erinnerungsfoto beugte sich ein Politiker zum Präsidenten des Basketballclubs, Wolfgang Wiedlich: »Wie können wir Ihnen helfen?«, fragte er leutselig. »Was können wir noch tun? Sollen wir der Verwaltung noch mal Druck machen, damit es hier schneller vorangeht?« Da raunte ihm ein Parteifreund zu: »Du hast das falsch verstanden. Hier baut die Telekom.« Beides stimmte nicht: Weder baute die Stadt noch die Telekom Bonns größte Halle, sondern ein Basketballverein: die *Telekom Baskets Bonn.*

Und die Fans bauten mit. »Ein klassisches Bürgerbauprojekt«, sagt Wiedlich. Viele sind nicht nur Fans der ersten Stunde der *Telekom Baskets.* Sie gehörten bereits dazu, bevor es die *Baskets* wirklich gab. Denn der Gründungsversammlung am 20. März 1995 gingen viele Jahre Basketball in verschiedenen Clubs voraus.

Die Vorgeschichte des Vereins beginnt mit der Gründung einer Basketballabteilung beim *Godesberger TV e. V.* 1970 und beim *SC Fortuna Bonn e. V.* 1973. In beiden Vereinen rangierte die Sportart unter »ferner liefen«, bis sie 1992 zu der *Basketball-Gemeinschaft (BG) 1992 Bonn e. V.* als eigenem Basketballverein fusionierten. 1994 wechselte dessen männlicher Bereich zum *Post-Sportverein*, den die Telekom sponserte. Ein Jahr später folgte die Gründung der *Telekom Baskets.* Ihr Ziel, die Erste Bundesliga, erreichen sie bereits im ersten Jahr, und Bonn wird langsam basketballverrückt.

Auch Wolfgang Wiedlich, der an jenem 20. März 1995 zum zweiten Vorsitzenden und Leiter der Bundesligaabteilung gewählt wird, blickt auf eine längere Basketballgeschichte zurück. Als Lehramtsstudenten fragte ihn 1979 der Ehrenvorsitzende des *SC Fortuna*, ob er acht Schüler seines Vereins trainieren wolle, um Erfahrung für den Sportunterricht zu sammeln. »Dann bin ich da irgendwie reingeschliddert«, erzählt Wiedlich. Wenige Monate später war er bereits Leiter der Basketballabteilung.

Top beleuchtet: 56.000 Watt unter der Decke sorgen im Telekom Dome für optimales TV-Licht

Seit 1998 ist er nicht nur Präsident der *Baskets*, sondern auch »eine Art letzter Mohikaner der Geburtsstunde«, wie er sich selbst bezeichnet. »Wenn ich etwas mache, dann richtig.« Das gilt für seinen Aufbruch nach der behüteten Kindheit, nach Schulzeit und Studium in Bonn, als er die Sahara durchquerte. Das gilt für jedes Thema, das er als Reporter des Bonner *General-Anzeigers* behandelt – der Beruf, mit dem er seinen Lebensunterhalt verdient und für den er vielfach ausgezeichnet worden ist. Erst recht gilt das aber für den Basketball, dem er sich fast vollständig verschrieben hat.

Mit Erfolg. 1997, 1999, 2001: In drei Finalserien kämpfte die alte gegen die neue Hauptstadt. »Bonn – Berlin gilt bis heute als Klassiker der Liga.« In Bonn gewannen die *Baskets* damit rasant die Herzen. »Mein Eindruck war, dass die Bonner nach dem Hauptstadt-Titelverlust irgendwie stolz waren, Berlin im Basketball Paroli bieten zu können.« Insbesondere die »Sonderzüge nach Berlin« gehören zu Wiedlichs liebsten Erinnerungen.

Am 5. Mai 1997 fuhr erstmals ein solcher Sonderzug zu einem Auswärtsspiel nach Berlin. »Um die 1.300 Personen füllten die Züge. Das Besondere war, dass sie aus allen gesellschaftlichen Schichten kamen. Hier erklärte der Müllmann dem Professor die Regeln.«

Bis 2008 fuhren sie acht Mal nach Berlin. »Es war das Live-Erlebnis, das die Menschen begeisterte, und das ist es bis heute. In Zeiten des Internets hat man selten ein Großereignis, das zugleich eine Art Familientreffen ist.« Unter den Fans sind 2.500 Dauerkarteninhaber, beinahe die Hälfte von ihnen sind Frauen. Viele besuchen schon seit Jahren jedes Heimspiel. Die durchschnittliche Besucherzahl lag in der Saison 2012/2013 bei 5.267. »Pro Spielzeit gehen in Bonn inzwischen weit mehr Menschen zum Basketball als in die Oper. Hier ist etwas entstanden, was bewahrt werden muss«, sagt Wiedlich.

2008 konnte der lange gehegte Plan, eine vereinseigene Halle zu errichten, in die Tat umgesetzt werden. Die Stadt gab Hilfe zur Selbsthilfe – einen Drei-Millionen-Zuschuss für das 17-Millionen-Projekt.

Dass die Baukosten eingehalten werden konnten, verdanken die *Baskets* Sponsoren, Kleinspenden und dem Elan der Fans. »Unter den Dauerkarteninhabern gibt es die verschiedensten Berufsgruppen. Von Architekten bis Fliesenlegern haben viele Fans zugepackt.« Das ging so weit, dass sie am Ende den Parkplatz in Handarbeit pflasterten.

Heute sind die *Baskets* der zehntgrößte Basketballverein Deutschlands; 6.000 Zuschauer fasst die Veranstaltungshalle. In der dreiteilbaren Trainingshalle werden 500 Kinder und Jugendliche trainiert. Deutschlandweit sind die *Baskets* der einzige Verein, der eine Halle mit Ausbildungszentrum besitzt und eigenständig betreibt. »Nicht ohne Risiko«, sagt Wiedlich. Er meint den Kapitaldienst für einen Sechs-Millionen-Kredit. Da dürfe nicht viel passieren, »um den Ritt auf der Rasierklinge nicht zu verlieren«. Die Reise mit den *Baskets* sei so etwas wie eine Sahara-Durchquerung. »Man muss immer wachsam sein.«

TELEKOM BASKETS
TELEKOM DOME
BASKETSRING 1
53123 BONN
WWW.TELEKOM-BASKETS-BONN.DE

5

Zwischen Krimi und Mythos

Dr. Julia Ronge tüftelt an Überlieferungen im Beethoven-Haus

Manchmal, wenn sie zu Hause vor dem Fernseher sitzt, fällt ihr plötzlich eine Note aus einem Entwurf Beethovens ein. Auf einmal weiß sie, was er meinte und wollte, nachdem sie den ganzen Tag an ihrem Schreibtisch im Beethoven-Haus über historischen Notenskizzen, Briefen und bis zu 200 Jahre alten Drucken gesessen und getüftelt hat, die sonst in einem speziell klimatisierten Tresor liegen. In dem Moment, da sie sich entspannt, erkennt sie, wie die Abweichungen zwischen den Überlieferungen zu deuten sind.

Dr. Julia Ronge ist wissenschaftliche Mitarbeiterin des Beethoven-Hauses und tagtäglich mit Leben und Werk des Musikers und Komponisten beschäftigt, dessen Geburtshaus jährlich Hunderttausende Touristinnen und Touristen nach Bonn zieht. In diesen Räumen lebte Ludwig van Beethoven 22 Jahre lang, bevor er 1792 nach Wien ging, um Unterricht bei Joseph Haydn zu nehmen, dem angesehensten Musiker seiner Zeit. Heute beherbergt das Haus ein Museum, eine Handschriftensammlung sowie eine Sammlung zahlreicher weiterer Gegenstände, die von Beethoven und aus dessen Zeit stammen.

Das Museum wird von einem Verein getragen, den 1889 zwölf solvente und kulturbewusste Bonnern gegründet haben. Bund, Land und Stadt fördern es. Bei dem Geburtshaus handele es sich um ein »Alleinstellungsmerkmal Bonns«, dem die Stadt kaum genug Aufmerksamkeit zollen könne.

Dass sie selbst einmal Beethoven-Expertin sein würde, hätte Julia Ronge sich früher nicht träumen lassen. Denn sie studierte in Würzburg Alte Musik mit philologischer Ausrichtung. Quellenarbeit lag ihr besonders; vor allem das 13. bis 15. Jahrhundert faszinierten sie. Daher beendete sie ihr Studium auch in Paris mit einer quellenorientierten Arbeit zu Hugenottenpsaltern, also mit Schwerpunkt auf der Musik der frühen Neuzeit. Sie schloss ein Aufbaustudium der Deutsch-Französischen interkulturellen Kommunikation in Saarbrücken an und absolvierte ein Volontariat in einer PR-Agentur. Eigentlich war es dem Zufall zu verdanken, dass sie eines Tages Zuarbeiten für ein Beethoven-Werkver-

»Dr. Beethoven« überwacht Ronges Arbeit am Schreibtisch

zeichnis im Henle-Verlag übernahm. Sie nutzte die Archivalien und Dokumente, die das Bonner Beethoven-Haus aufbewahrt, und lernte es auf diese Weise kennen. Bald wurde ihr hier eine Stelle angeboten. Seither erforscht Julia Ronge täglich Beethovens Skizzen und die Quellen dazu.

Mit der Arbeit wuchs die Faszination – und keineswegs nur für die Musik. Tatsächlich betrachtet Julia Ronge ihr Forschungsobjekt eher nüchtern. Das häufig vermittelte Bild vom Genie, dessen Begabung sich gegen die Strenge und den Druck des Vaters durchsetzen musste, bezeichnet sie als »Mythos des 19. Jahrhunderts.«

»Wie den Bösewicht im Märchen braucht das Genie einen Gegenspieler, den es überwinden muss, um seine herausragenden Fähigkeiten unter Beweis zu stellen.« Dieser Lesart stimmt Julia Ronge nicht zu. Stattdessen habe Beethoven eine für das späte 18. Jahrhundert durchaus normale Kindheit verlebt. Harte Fürsorgepflicht und Strenge galten als erzieherische Methoden, um Kindern zu helfen, etwas aus sich zu machen. Um 1800 seien die Chancen auf ein gesichertes Einkommen für einen Musiker gering gewesen. »Wenn der Vater Fleiß und harte Arbeit von seinem Sohn verlangte, war das also durchaus in dessen Sinne«, meint Ronge.

Wenngleich Beethovens Vater nachgewiesenermaßen Alkoholiker und eine schwierige Person war, sei die Kindheit des Musikers dennoch nicht ausschließlich von Gewalt geprägt gewesen. Zeugnisse belegen, dass Vater und Sohn im Sommer musizierend über die Dörfer zogen, um Geld zu verdienen. Die Notiz Beethovens »von meinem theuren Vater geschrieben« in einer seiner Handschriften spreche außerdem für die Zuneigung des Sohns zu seinem Vater.

1792 verließ Ludwig van Beethoven Bonn. Zu diesem Zeitpunkt hatte er sich bereits einen Namen gemacht, der Kölner Kurfürst und Erzbischof Maximilian Franz hatte ihn zum Hoforganisten ernannt und finanzierte seine Ausbildung bei Haydn in Wien durch ein Stipendium. Haydn galt in diesen Jahren als bester Lehrer, die Rückkehr Beethovens und seine künftige Tätigkeit als ruhmreicher Musiker am Bonner Hof waren geplant. Dass er in Wien blieb, bezeichnet Ronge als »Unfall der Geschichte«. Dies als Flucht vor dem Vater zu deuten, der bereits einen Monat später starb, wäre eine eher unseriöse Interpretation dieser Tatsache.

Denn es war nicht das persönliche Schicksal, sondern der Lauf der großen Geschichte, der den ursprünglichen Plan vereitelte: Infolge der Französischen Revolution besetzten die Revolutionstruppen das Rheinland, der Bonner Hof wurde aufgelöst. Insofern besaß Beethoven keinen Arbeitgeber mehr. Die Mutter war bereits 1787 verstorben, sodass auch im Hinblick auf die Familie kein Grund mehr für ihn existierte, ins Rheinland zurückzukehren. Er blieb in Wien – dort, wo er zu Anfang einer unter vielen war. Seit 1814 hingegen galt er als berühmtester lebender Musiker. Obwohl noch späte Handschriften und Briefe laut Julia Ronge seine lebenslange innige Beziehung zu Bonn bezeugen, kehrte er nie zurück.

Wie sich die frühen Bonner Jahre im Leben Beethovens vor der Wiener Zeit gestalteten, zeigt die Ausstellung, die anlässlich des Beethoven-Jahres 2020 präsentiert wird. Die Mitarbeiterinnen und Mitarbeiter des Beethoven-Hauses nehmen den 250. Geburtstag des Komponisten zum Anlass, die Dauerausstellung zu überarbeiten

Ronge in der Bibliothek des Beethoven-Hauses

und sein Leben in Bonn in den Fokus zu rücken. Während im Beethoven-Jahr mit der Bundeskunsthalle, der Oper und dem Beethoven-Orchester weitere Bonner Institutionen mit dem Beethoven-Haus kooperieren und temporäre Ausstellungen sowie Konzerte anbieten, werden die Veränderungen in der Dauerausstellung der Bonngasse beibehalten.

»Alle 30 Jahre muss eine Dauerausstellung erneuert werden, um sich an die Veränderungen in der Vorbildung und in den Sehgewohnheiten des Publikums anzupassen«, erklärt Julia Ronge.

Doch die Arbeiten daran erledigt sie quasi nebenbei. Ihre Hauptbeschäftigung ist das Tüfteln. »Beethoven ist deshalb besonders aufregend, weil es so viele Skizzen und Aufzeichnungen gibt«, sagt Ronge. »Manchmal sitze ich wochenlang an verschiedenen Entwürfen und frage mich, was er wohl gemeint haben könnte. Das ist unglaublich spannend und befriedigend.« Der Werkstattprozess werde auf diese Weise nachvollziehbar. Handelt es sich bei einer Note um ein a oder um ein ais? Ist eine Disharmonie ein Fehler oder gewollt? Handelt es sich um einen Stichfehler des Verlegers oder gar um einen Fehler des Komponisten selbst?

Bei ihrer Arbeit werde Beethoven hinter den Noten sichtbar. »Es ist absolut faszinierend zu sehen, wie ein Werk wächst und entsteht. Und wie der Mensch Beethoven kämpft, damit etwas Gutes dabei herauskommt.« Die Musik steht für Julia Ronge hierbei nicht im Vordergrund. Im Gegenteil: Sie geht nicht gerne in Konzerte, in denen Beethoven gespielt wird. Sie kann sie nicht genießen: »Ich weiß zu viel.«

Julia Ronge ist eine der führenden Beethoven-Expertinnen, die 2010 bereits mit einer Arbeit über Beethovens Kompositionsstudien bei Haydn, Salieri und Albrechtsberger promoviert wurde. Diese edierte sie als mehrfarbige Drucke. Anhand von Beethovens Unterricht in den frühen Wiener Jahren machen sie sichtbar, welche Ideen originär von ihm stammten und inwiefern sich die Einflüsse seiner Lehrer in seinen Kompositionen durchsetzten, an welchen Stellen sie ihn bremsten und korrigierten, welche Veränderungen und welche eigenen Ideen sie einfügten. Darüber hinaus wird deutlich, wie der Unterricht um 1800 allgemein vonstattenging.

Im November 2014 gab Julia Ronge mit zwei Kollegen das neue Beethoven-Werkverzeichnis heraus. 15 Jahre arbeiteten die drei Wissenschaftler an den zwei 1.000 Seiten starken Bänden, um schließlich das zu veröffentlichen, was ein Rezensent der *Frankfurter Allgemeinen Zeitung* als »Triumph der Musikphilologie« lobte, als »fulminanten, kaum hoch genug zu preisenden Beitrag der Grundsicherung«, der eine »heimliche Biographie Beethovens von bislang unbekannter Genauigkeit« biete. Neben Genauigkeit, die das Werkverzeichnis für ein Fachpublikum interessant macht, enthalten die Bände Informationen, die Beethoven und seine Musik Laien näherbringen. Hierzu gehören biografische und historische Erläuterungen.

Aktuell arbeitet Julia Ronge an der Vorbereitung des Beethoven-Jahres und an der neuen Dauerausstellung im Beethoven-Haus. Hauptsächlich geht sie außerdem ihren kriminologischen Interessen nach. Eine Gesamtausgabe von Beethovens Exzerpten zu musiktheoretischen Schriften ist in Arbeit. Und wer einen Blick auf die Handschrift Beethovens wirft, kann sich davon überzeugen: Hier darf getüftelt werden!

BEETHOVEN-HAUS
BONNGASSE 18-20 UND 24-26
53111 BONN
WWW.BEETHOVEN-HAUS-BONN.DE

Der Uni-Blase entkommen …

Anja Lamsche kellnert im Nachtcafé Lichtblick

Australien, Südostasien, Neuseeland, Australien – Bonn: Als Anja Lamsche nach beinahe drei Jahren von einer Weltreise zurückkehrte, immatrikulierte sich die Mannheimerin an der Universität Bonn für Politologie und Soziologie. Ein Zimmer in einer Altstadt-WG fand sie schnell. Mitte Oktober begannen die Vorlesungen, und bereits zum Monatsende wusste sie, dass die Fächer für sie nichts waren.

So saß sie in einer obschon sympathischen, so doch fremden Stadt, ohne Freunde und Familie, dafür mit »einer Riesenangst, dass ich nach der Weltreise in ein Loch fallen würde. Ich brauchte unbedingt die Sicherheit einer Ausbildung und wusste doch nicht, wohin ich eigentlich wollte.«

Die Freundin ihres Mitbewohners hatte eine Woche zuvor einen Kellnerjob im Nachtcafé Lichtblick angenommen, und ihr Mitbewohner berichtete, dass dort noch eine weitere Kellnerin gesucht wurde. »Ich ging spontan vorbei« – und war aufgrund ihrer Kellnererfahrung sofort eingestellt.

Das Nachtcafé Lichtblick setzt seit 2004 als Nachfolger der traditionellen dunkel-gemütlichen Eckkneipe *Pille* farbige Akzente in der Bonner Altstadt. Im Laufe der Jahre etablierte es sich als Fußball- und Partykneipe und gehört inzwischen zu den wenigen Bonner Lokalitäten, die es sich noch leisten, *Sky*-Fußballspiele anzubieten. »Ich habe Glück gehabt, dass mehrere der Studentinnen, die dort kellnerten, ihr Studium beendet hatten, und der Chef Nachwuchs suchte«, erzählt Anja. »Wenn das *Lichtblick* nicht gewesen wäre, wäre ich sicherlich nicht in Bonn geblieben.«

Hier fand sie eine Beschäftigung, die ihr den Leerlauf ersparte, und eine Einnahmequelle, die die Zeit des Suchens finanziell überbrücken half. In Dutzende Vorlesungen schnupperte sie hinein und fand schließlich das Fach, das zu ihr passte: Geografie. Vor allem aber fand sie Freunde, die sie noch viele Semester später hat. Daher blieb sie der Kneipe auch dann treu, als sie verschiedene Praktika und Jobs im Ausland absolvierte.

Die Ruhe vor dem Sturm …

Selbst als die Universität ihr eine Beschäftigung anbot, »die sich in meinem Lebenslauf besser macht als die Arbeit in der Kneipe«, beschränkte sie die wissenschaftliche Tätigkeit auf zehn Stunden in der Woche, um das Kellnern nicht aufgeben zu müssen. Denn die Kneipe gebe ihr die Möglichkeit, »der Uni-Blase zu entkommen«, nicht nur am Computer zu sitzen, sondern Menschen zu treffen, die in »ganz normalen Jobs arbeiten«.

»Ich mag nicht nur die Kolleginnen und Kollegen, sondern auch die Stammgäste sehr gerne.« Da sei zum Beispiel ein Stammgast, von Hause aus Chemiker, der in seinem Beruf jahrelang sehr unglücklich war. Abend für Abend saß er an der Theke und träumte davon, Busfahrer zu werden. Er und ein weiterer Gast nahmen zugleich Anteil an Anjas Leben und halfen ihr in schwierigen Phasen. Als sie sich von ihrem Freund trennte, munterten sie sie mit Schokolade und Pralinen auf und schenkten ihr ein Buch darüber, wie man Verluste verkraftet. Einer Kollegin halfen sie sogar beim Umzug. Der Traum jenes Chemikers hat sich inzwischen erfüllt. »Vor Kurzem fuhr ich mit dem Fahrrad durch den Regnen, als neben mir ein Bus stoppte. Die Tür ging auf, und jemand rief: ›Na los! Steig ein!‹«, erzählt Anja lächelnd.

Nach dem Bachelorstudium musste sie sich entscheiden: Masterstudium in Göttingen? Sie blieb in Bonn. Inzwischen teilt sie sich die Wohnung mit einer ihrer *Lichtblick*-Kolleginnen, die übrigen gehören zu ihren engsten Freundinnen. Die Jobs in anderen Kneipen hat sie aufgegeben. An den Wochenenden kämen immer viele »lustige Fußballgäste« oder verschiedene »Feiergruppen« ins *Lichtblick*, darunter eine »Weizengruppe«, mit der sie nach Schichtende nachts hin und wieder zu Partys weiterziehe.

»Das Besondere am *Lichtblick* ist, dass hier jeder seinen eigenen Stil haben darf«, meint Anja. Auf ihrer Weltreise hat sie über 30 verschiedene Jobs ausgeübt: als Pflückerin, Fließbandarbeiterin, Wäscherin, Einkäuferin, Fahrerin für ein Bordell. Vor allem aber hat sie viel gekellnert. »Ich kenne das gesamte Spektrum der Gastronomie. Es ist keineswegs selbstverständlich, dass einem die Freiheit gelassen wird, so zu bedienen, wie man es möchte. Hier dürfen alle die Kleidung tragen, die sie mögen, und selbst Musik auflegen, die ihnen gefällt. Das ist etwas Besonderes. Gleichzeitig weiß man, dass der Chef hinter einem steht und man sich von den Gästen nicht alles gefallen lassen muss.«

Bald wird Anja ihr Masterstudium in Geografie beenden. Ihr Traum ist es, danach eine Stelle in einem Bereich der Wirtschaftsförderung oder bei Fairtrade zu bekommen – am liebsten in Bonn, aber ganz sicher im Rheinland, denn den Karneval könnte sie nie missen. »Das erste Jahr Karneval im *Lichtblick* war der absolute Hammer!«, schwärmt sie. Seither kann sie sich Karneval an keinem anderen Ort vorstellen. Sie kann die ehemaligen Kellnerinnen gut verstehen, die trotz »seriöser« Stellen immer noch von Zeit zu Zeit – und sicherlich an Karneval – eine Schicht einlegen.

Auch für Anja ist Bonn schon lange nicht mehr nur die Uni-Stadt. Bonn ist ihr Zuhause geworden. Dabei hat das *Lichtblick* eine wichtige Rolle gespielt.

NACHTCAFÉ LICHTBLICK
DOROTHEENSTRASSE 2
53111 BONN

7 Alles beginnt und endet beim Buch

Jürgen Repschläger verkauft Bücher im Antiquariat Markov

Aufgewachsen in einer zur Mittelschicht strebenden Arbeiterfamilie, drehte sich bei Jürgen Repschläger von klein auf fast alles um Bücher und Politik. Sein Weg schien vorgezeichnet und endete bei – Büchern und Politik.

Sein Vater hatte die Inspektorenlaufbahn bei der Stadt Bad Godesberg durchlaufen. Der eine Großvater war Maurer, der andere arbeitete im Kohlebergbau. Wie in vielen Arbeiterfamilien war bei den Repschlägers in den 60er-Jahren nicht genug Geld übrig, um ausgiebig Urlaub zu machen. Durch Vermittlung eines Kollegen setzte die Arbeiterwohlfahrt (AWO) die Repschlägers als Betreuer in einem Arbeiterfamilienerholungsheim in der Eifel ein. Denn seit 1925 unterstützt die AWO in Bad Godesberg sozial schlechter gestellte Familien. Sie unterhält Pflegeeinrichtungen und einen Pflegedienst, bietet Beratungen und Kinderbetreuung.

In diesen Ferien durfte Jürgen als Kind der Betreuer abends schon einmal länger aufbleiben, wobei er den Diskussionen der Erwachsenen lauschte. Zum ersten Mal hörte er hier von Stalin, Tito und dem jugoslawischen Arbeiterselbstverwaltungsmodell. Seine Neugier an der politischen Theorie war geweckt. In Jürgens Elternhaus spielte Religion keine Rolle. Es gab eine interessante Mischung: katholische und evangelische Wurzeln – eine Großmutter war sogar jüdischer Herkunft. Doch religiös lebten sie nicht. So war es für Jürgen kindlicher Trotz gepaart mit Interesse, dass er schon bald, nachdem er des Alphabets mächtig war, jeden Abend heimlich ein Kapitel aus der Bibel las. Trotzdem engagierte er sich als Jugendhelfer in der AWO, seine Laufbahn in der Organisation schien beschlossen.

Nach der Grundschule setzte er sich gegen seinen arbeiter-traditionsbewussten Vaters durch und besuchte »auf dem Ticket der wenigen Schüler aus sozial schwächerem Elternhaus« das Aloisiuskolleg, ein privates katholisches Gymnasium in Bad Godesberg. »Mich faszinierte der religiöse Hintergrund, aber auch die Gemeinschaft, Ruhe und Konzentration an diesem Ort«, erinnert er sich und grinst: »Und

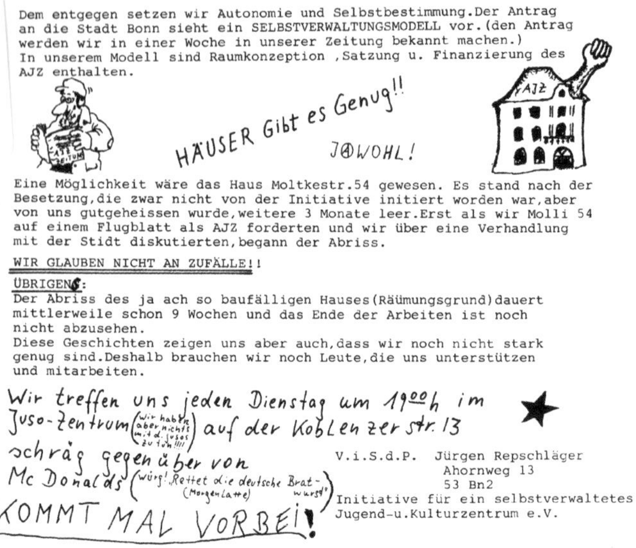

Dem entgegen setzen wir Autonomie und Selbstbestimmung.Der Antrag an die Stadt Bonn sieht ein SELBSTVERWALTUNGSMODELL vor.(den Antrag werden wir in einer Woche in unserer Zeitung bekannt machen.)
In unserem Modell sind Raumkonzeption ,Satzung u. Finanzierung des AJZ enthalten.

Eine Möglichkeit wäre das Haus Moltkestr.54 gewesen. Es stand nach der Besetzung,die zwar nicht von der Initiative initiert worden war,aber von uns gutgeheissen wurde,weitere 3 Monate leer.Erst als wir Molli 54 auf einem Flugblatt als AJZ forderten und wir über eine Verhandlung mit der Stidt diskutierten,begann der Abriss.

WIR GLAUBEN NICHT AN ZUFÄLLE!!

ÜBRIGENS:
Der Abriss des ja ach so baufälligen Hauses(Räumungsgrund)dauert mittlerweile schon 9 Wochen und das Ende der Arbeiten ist noch nicht abzusehen.
Diese Geschichten zeigen uns aber auch,dass wir noch nicht stark genug sind.Deshalb brauchen wir noch Leute,die uns unterstützen und mitarbeiten.

Wir treffen uns jeden Dienstag um 19⁰⁰h im Juso-Zentrum (Wir haben aber nichts mit d. Jusos zu tun!!!!) auf der Koblenzer str. 13 schräg gegenüber von Mc Donalds (würg! „Rettet die deutsche Bratwurst" (Morgenlatte))

KOMMT MAL VORBEI!

V.i.S.d.P. Jürgen Repschläger
Ahornweg 13
53 Bn2
Initiative für ein selbstverwaltetes Jugend-u.Kulturzentrum e.V.

Ein Flugblatt von Repschläger aus dem Jahr 1984

die Tatsache, dass auf dieser Schule keine doofen Mädchen waren.«

Er wurde schnell desillusioniert. Die Art, wie man hier lernte und miteinander umging, hatte nicht mehr viel gemein mit den Ideen und Umgangsformen, von denen er träumte. Aber Jürgen machte das Beste aus seiner Situation: Er zog sich in die letzte Reihe der Klasse zurück und las. Bebel, Marx und Engels – unter dem Tisch des Elitegymnasiums lernte er sie heimlich kennen. Seine jüdische Großmutter unterstützte seine Rebellion mit hartnäckigem Kampfgeist. Über die Geschichte ihres Überlebens während des Nationalsozialismus wurde nie geredet. »Alles blieb irgendwie nebulös. Sie war immer gleichzeitig lebenslustig und ängstlich, und sie hat mich darin bestärkt, dass man sich wehren muss.« Ein nicht eingehaltenes Versprechen der Stadt Bonn veranlasste ihn, sich weiter zu politisieren. 1975 schloss das Ordnungsamt den Musikclub *Underground* in Muffendorf aufgrund von Anwohnerbeschwerden. Hier hatten Konzerte von deutschen und internationalen Rock-, Blues- und Jazzgrößen stattgefunden. *Uriah Heep*, die *Scorpions* und andere hatten das *Underground* bei Jugendlichen weit über die Stadtgrenzen hinaus legendär gemacht.

Jürgen setzte sich dafür ein, an einem alternativen Ort ein Arbeiterjugendzentrum einzurichten, wo Kultur-, Musik- und Leseförderung betrieben würden. »Die Stadt hat ihr Versprechen, einen Ersatz zu schaffen, nie gehalten«, resümiert er heute. Die Tapetenfabrik in Bad Godesberg, die als möglicher Ersatz diskutiert wurde, fiel der Abrissbirne zum Opfer. Stattdessen wurde mit Oper und Beethoven-Orchester die in seinen Augen »bildungsbürgerliche Hochkultur« gefördert, der Repschläger den Fehdehandschuh hinwarf. In Flugblättern und Pamphleten rief er zu deren Boykott auf.

Jahre später, als er dem kommunistischen Widerstand gegen den Nationalsozialismus mit seinem Antiquariat Walter Markov ein offizielles Denkmal gesetzt und das Buch zu seinem Lebensinhalt gemacht hatte, versöhnte er sich mit der Hochkultur. Die Beschäftigung mit kulturtheoretischen Schriften führte zur Anerkennung der bildungsbürgerlichen neben der proletarischen Kunst. Durch seine Lebensgefährtin, die Musikwissenschaften studierte, fand er auch den Zugang zur Oper. »Ich habe meine Abneigung gegen die Hochkultur verloren, ohne die Begeisterung für die freie Kultur abzulegen.« Dies blieb so »bis zum Projekt Festspielhaus«. Darin sah Repschläger »alle Miesheiten der Konzerne«, gepaart mit dem Impetus des »Wir sind wieder wer!« Ausgestattet mit dem Kampfgeist seiner Großmutter, war er der einzige Bonner Kulturpolitiker, der das Projekt von Anfang an ablehnte. Immerhin trieb es ihn in den Kulturausschuss, dem er nach dem Ende des Projekts treu blieb.

Heute ist er oft im Schatten des Stadthauses, vor der Tür seines Antiquariats zu sehen, wo er mit Kunden und Passanten die städtische (Kultur-)Politik debattiert. Zur Unterstützung seiner Argumente greift er dabei gern auf seinen reichen Fundus an kommunistischen Theorien zurück.

ANTIQUARIAT WALTER MARKOV
BREITE STRASSE 52
53111 BONN
WWW.ANTIQUARIAT-MARKOV.DE

8 »Der Zoch muss umgeleitet werden!«

Die »Bönnschen Räuber« feiern die Anarchie auf der Paulstraße

Im bürgerlichen Alltag sind sie drei gestandene Männer. Conrad Schetter leitet das Friedens- und Konfliktforschungsinstitut *Internationales Konversionszentrum Bonn* (BICC). Jan Macke führt die Geschäfte seines Familienunternehmens in Königswinter. Und der Fotograf Marcus Gloger inszeniert die verschiedensten Motive in Köln, Bonn und weltweit. Doch wenn diese drei seriösen Exemplare der männlichen Spezies in einem Café sitzen und über ihren praxisphilosophischen Anspruch an Karneval dozieren, werden sie zu kleinen Jungs; zu Rabauken, die es faustdick hinter den Ohren haben; oder auch zu erwachsenen Männern, die sich ihre Lust auf Leben, Spaß und Party erhalten und diese auf einen rationalen Sockel stellen.

Natürlich setzen sie diese Lust praktisch um. Als *Dreigestirn am Zoch,* wie die drei *Bönnschen Räuber* gerne genannt werden, bauen sie an jedem Rosenmontag in der Altstadt an der Straßenecke Paulstraße/ Heerstraße ihren Lautsprecherwagen auf, um den offiziellen Rosenmontagszug zu kommentieren und zu persiflieren. Nicht nur *Räuber* kommen, um sich diesen Kommentar anzuhören – er gilt den Rosenmontagszugbesuchern als Geheimtipp.

Bei den *Bönnschen Räubern* handelt es sich um einen nicht eingetragenen Karnevalsverein, der Kultstatus besitzt, weil es ihn offiziell nicht gibt. Die quasi inoffiziellen Mitglieder wollen nämlich keine offiziellen Vereinsstrukturen mit Vorstand und Bürokratie etablieren. »Vor allem mit Geld wollen wir nichts zu tun haben«, meint Conrad Schetter. »Wir sind die FIFA des Karnevals«, fügt Marcus Gloger hinzu.

Viele Vereinsmitglieder kennen sich bereits seit ihrer Schul- und Studienzeit und leben mittlerweile »in Bochum, Brüssel und Bratislava, um nur einmal beim B zu bleiben«, erklärt Gloger. Sie treffen sich alljährlich zu zwei Anlässen, auf die sich die Aktivitäten des Vereins im Wesentlichen beschränken: zu einer legendären Party in der Endenicher *Harmonie* und zum Rosenmontagszug. Beim Zochkommentar, so hat sich in der Vergangenheit gezeigt, kann es durchaus ernst werden, denn beim Spaß – da hört im Karneval bisweilen der Spaß auf!

Bei der »Räuber-Party« haben viele Jecken Spaß

Dies war 2014 der Fall. Da verhängte das Ordnungsamt einen Maulkorb für das selbsternannte *Dreigestirn am Zoch* – mit der offiziellen Begründung, die *Räuber* hätten sich nicht an dem Sicherheitskonzept der Stadt beteiligt. Ein solches sei allerdings seit der unverantwortlich schlechten Organisation der *Loveparade* in Duisburg 2010 Bedingung für die Kommentierung des Zugs.

DJ Conrad Schetter durfte trotz der Sicherheitsbedenken weiterhin Musik machen. Der Kommentatorenwagen hingegen störte das Ordnungsamt am Vormittag zwar nicht, war ihm jedoch nach Zugbeginn ein Dorn im Auge. Daher munkelt man, der eigentliche Grund für das Verbot sei ein anderer gewesen. Ein Mitglied des *Festausschusses Bonner Karneval* soll sich durch einen Kommentar im Vorjahr beleidigt gefühlt und beschwert haben. Denn der Festausschuss ist die Institution, die die offiziellen Bonner Regeln des Karnevals vorgibt und deren Befolgen durchsetzen lässt.

Die *Bönnschen Räuber* wollen sich ihre Kommentare aber nicht vorschreiben lassen. »Vielleicht liegen wir manchmal mit dem einen oder anderen Spruch ein bisschen daneben, aber im Prinzip wollen wir ja niemanden kränken. Wir kommentieren eben anders«, meint

Gloger, der sich mit Macke am Mikrofon abwechselt. In einem Jahr hatten sie sich beispielsweise darauf konzentriert, die Traktorenmodelle der Karnevalswagen vorzustellen – nur die Traktorenmodelle. »Die Ideen zum Kommentar entstehen immer spontan. Wir bereiten uns nicht vor.«

Ebenso spontan war die Tradition überhaupt erst entstanden. Glogers und Mackes Durchsagen von fiktiven Wettkampfergebnissen der Olympischen Winterspiele in Lillehammer 1994 während des Zochs hatten am Rosenmontag desselben Jahres zu einem spontanen Redefluss geführt. Seither kommentieren Gloger und Macke an wechselnden Schauplätzen ohne Regeln oder Prinzipien – außer vielleicht dem einen Prinzip, nie den Prinzen und die Bonna zu begrüßen, sondern lediglich den Prinzenführer.

2014 jedoch blieben zwei der drei Angehörigen des *Dreigestirns am Zoch* stumm. Tags darauf fanden die Ereignisse einen beachtlichen medialen Widerhall und wurden zum Stadtgespräch. *WDR, Express, Bonner General-Anzeiger* und *Rundschau* berichteten; und die Likes der *Räuber* auf Facebook stiegen um 300. Der Zwist wurde bald – wie im Rheinland so üblich – beim Bierchen beigelegt.

Inzwischen darf das selbsternannte Dreigestirn wieder kommentieren, der Wagen gilt gar offiziell als Kommentatorenstelle und wird von Mitgliedern des Festausschusses mit Kamellen bedacht. »Einige der Stadtsoldaten winken uns inzwischen sogar von ihren Pferden aus zu«, erzählt Gloger. Im Gegenzug wird dann gerne mal ein Kölsch von Räuber zu Soldat gereicht.

Ein weiteres Resultat des Rosenmontagsstreits war eine Facebook-Diskussion zu der Frage, wie viel Formalisierung der Karneval benötige. »Karneval«, erklärt Conrad Schetter ernst, »ist in seiner klassischen Bedeutung ein Ausbrechen auf allen Ebenen.« Man folgt also einem philosophischen Ansatz? »Lass den Professor das erklären!«, meint Macke.

»Karneval ist das genaue Gegenteil von Formalisierung«, so Schetter, »die erst mit der Militarisierung der Funken an Bedeutung gewonnen hat. Was eigentlich zählt, ist das anarchische Moment der

Fiesta, der Freiheit, das vom Gefühl des Dabeiseins getragen sein muss. Der wahre Karneval muss in einer steten Pendelbewegung zwischen den Strömen des Anarchischen und der Ordnung seine Balance finden.« Eine ernste Angelegenheit also.

»Die Räuber« verleihen einen eigenen Karnevalsorden

Als die *Bönnschen Räuber* Ende der 80er-Jahre ihre erste Party feierten, gab es in ihrem Kreis noch keinen Professor. Der war noch Enkel und seine Großmutter die Gastgeberin. »Conrads Oma war wie die Queen Mum. Sie hielt Hof bei den Partys«, meint Macke. Nach Karneval musste immer ihr Haus renoviert werden. Darum habe sich seinerzeit der Freundeskreis gekümmert, aus dem 1993 der erste Elferrat erwuchs. Damals sei es noch eine so kleine Gruppe gewesen, dass Schetters Schwester herhalten musste, um überhaupt auf die Elf zu kommen.

Seit 1992 fanden die Partys dann im Haus von Mutter Schetter statt, bis es angesichts des wachsenden Kreises der Feiernden aus allen Nähten platzte.

Von 1996 bis 1999 beherbergte die Tanzschule Moreno in der Maxstraße die *Räuber*-Party. Dann war auch sie zu klein. Kölsch, Girlanden, Absätze, Konfetti und nicht zuletzt Schweiß von viel zu vielen Menschen, der von der Decke troff, waren eine »doofe Mischung«, meint Gloger – und bedeuteten gleichzeitig das Ende des teuren Parketts und der *Räuber*-Partys in der Altstadt.

Seither feiern sie in der *Harmonie*. Deren Größe definiert die Mitgliederzahlen des Vereins, denn jedes Mitglied bekommt fünf Karten. Nicht zuletzt mag diese Party der Grund an dem großen Interesse am Nicht-Verein sein, schließlich musste er bereits vor Jahren ein Aufnahmestopp verhängen.

»Wir sind basisdemokratisch organisiert«, erklärt Schetter. »Das waren wir immer schon. Deshalb hießen wir anfangs auch ›Räuberinnen‹ und ›Räuber‹.« Es habe eine Quote und eine Präsidentin gegeben. Damals seien sie revolutionär gewesen.

»Leider haben wir keine Revolution geschafft«, bedauert Macke.

»Ich will den Zug ja gar nicht verhindern oder stören. Ich will nur für einen kleinen Moment der Irritation sorgen, indem wir ihn umleiten.«, meint Schetter. »Das wollte ich als Kind bereits. Sobald ich es schaffe, können wir uns auflösen.«

Gloger fügt hinzu: »Wenn uns das gelingt und das Establishment uns ernst nimmt, ist es um uns geschehen. Dann wird es höchste Zeit.«

Macke ergänzt: »Eines Tages wird die Idee des Karnevals biologisch mit uns aussterben. Wenn die Polonaise an einem vorüberzieht und man den Leuten einen Stuhl anbieten möchte, ist es doch spätestens genug.«

»Diese Probleme hat ein Taubenzüchterverein nicht«, meint Gloger. »In unseren Herzen sind wir doch ein Taubenzüchterverein«, überlegt Macke und stößt damit auf Widerstand in der Kaffeerunde. »Was sind wir denn mehr als ein spießiger Akademikerverein aus lauter gesettelten Figuren, die meinen, an zwei Tagen im Jahr etwas Besonderes zu machen?«

Zu welch tieftraurigen Resultaten eine illustre Kaffeerunde über den Karneval doch gelangen kann! So stellen sich abschließend zwei Fragen:

Was war zuerst: die Theorie oder die Party? Und was wird bleiben? Vor allem sicherlich der Kommentar am nächsten Rosenmontag.

PAULSTRASSE/HEERSTRASSE
53111 BONN
WWW.BOENNSCHE-RAEUBER.DE

9 Familiengeschichte(n) auf dem Friedhof

Erika Zander führt Besucher über den Alten Friedhof

Wer den Alten Friedhof von der Bornheimer Straße aus betritt und den Hauptgang hinuntergeht, stößt auf ein eindrucksvolles gusseisernes Kreuz, das der einstige Polizeiinspektor Johann Heinrich Fecken 1848 gestiftet hat. Gegenüber befindet sich eines der imposantesten Denkmale, die man an diesem historischen Ort inmitten der Innenstadt sehen kann. »Betet für die Abgestorbenen der Familie Kaufmann«, lautet die Inschrift. Gemeint sind Leopold Kaufmann, der 1850 im Alter von 29 Jahren zum Oberbürgermeister gewählt worden ist, und seine Angehörigen.

Dieses Grabmal war Ort und zugleich Grund für Erika Zanders ersten Besuch auf dem Alten Friedhof, als sie 1981 nach Bonn kam, um Kunstgeschichte zu studieren. Ihr Vater, der als Chefarzt die Geburtshilfe und Gynäkologie am Koblenzer Klinikum *Kemperhof* leitete, gehörte zur sogenannten *Kaufmann-Schule*, den engeren Mitarbeitern des berühmten Gynäkologen Carl Kaufmann, der 1945 vorübergehend die Berliner Charité geleitet hatte. Der wiederum war Nachfahre des einstigen Bonner Oberbürgermeisters. Jenseits der Begegnung mit ihrer eigenen Familiengeschichte war die junge Frau fasziniert von den kunstvollen Denkmälern der Berliner Bildhauerschule. Dass der Friedhof für sie und ihre Familie »eine Art zweites Zuhause« würde, ahnte Erika Zander zu Beginn der 80er-Jahre jedoch nicht.

Bei einem Bonnbesuch ihrer Mutter spazierten die Frauen gemeinsam über den Friedhof. Vor der Kapelle ruhten sie auf einer Bank aus und beobachteten eine Meise, die in einem Galvanoengel nistete, dessen linker Arm abgebrochen war. Er steht auf dem Grab von Engelbert Oppermann, dem 1853 verstorbenen Sohn des Gerichtsvollziehers Matthias Oppermann. Der Engel mit den feinen Gesichtszügen und den Rosenranken in der linken Hand, gefertigt vom Bildhauer Emil Cauer dem Älteren, erinnert Erika Zander an diese ruhige Stunde mit ihrer Mutter – und ist Ausdruck für die Ruhe und Friedlichkeit, die der Ort birgt. Mitten in der lauten und betriebsamen Innenstadt liegt er als eine Oase der Ruhe.

Das imposante Schumann-Grabmahl lockt zahlreiche Besucher auf den Alten Friedhof

1715 als Soldaten- und Armenfriedhof angelegt, befand er sich zu der Zeit noch weit vor der Stadt, die inzwischen um den Friedhof herumgewachsen ist. Hier ruhen Persönlichkeiten, die Bonn geprägt haben. Zu den ältesten erhaltenen Ruhestätten gehört das Grab von Maria Magdalena van Beethoven, Ludwig van Beethovens Mutter. Außerdem sind hier 150 Professoren begraben, die 1818 an der Gründung der Rheinischen Friedrich-Wilhelms-Universität beteiligt waren.

Erika Zander hat sich eingehend mit der Geschichte und den Erzählungen beschäftigt, die sich um das Leben und Wirken dieser Personen ranken. Besonders mag sie die Anekdote um den Mineralogen und Geologen Professor Johann Jacob Nöggerath, der 1877 gestorben ist. Die Legende behauptet, er habe dem Bildhauer Albert Küppers nur widerwillig Modell gestanden. Lachend erzählt Zander, Nöggerath habe, sich hinsetzend, gesagt: »Ich habe doch keine Lust, die Ewigkeit lang zu stehen!« Tatsächlich ist das Sitzdenkmal posthum entstanden.

Der Friedhof wurde zu Erika Zanders Arbeitsplatz, als sie nach ihrem Examen begann, die 2.800 Grabmale zu inventarisieren, um einen Denkmalpflegeplan zu entwickeln. Heute gehört der Friedhof zu den bestdokumentierten historischen Plätzen Nordrhein-Westfalens. Zanders Engagement dauert an. Sie war lange ehrenamtlich im

Vorstand seines Trägervereins tätig, der 2015 seinen vierzigsten Geburtstag beging. Schließlich führt sie Gruppen und Gäste, denn niemand kennt die Geschichte(n) dieses Ortes so gut wie sie.

Insbesondere die außergewöhnlichen bildhauerischen Arbeiten weiß die Kunsthistorikerin zu würdigen. Beispielsweise die Platte auf dem Grab der Familie von Boeselager: In eine tonnenschwere Marmorplatte sind die Inschriften sowie ein Kreuz aus detailgetreuen, filigranen Efeuranken erhaben aus dem Stein gehauen. Oder das Bildmedaillon des Sanitätsrats Velten, dem feinste Lachfältchen um Augen und Mund einen verschmitzten Ausdruck verleihen. Mit großer Begeisterung verknüpft Zander derartige künstlerische Besonderheiten mit den kleinen alltäglichen Geschichten und Anekdoten der großen Persönlichkeiten der Stadt, die hier ruhen.

Selbst ihre Tochter kennt den Friedhof und seine Geschichten wie ihre Westentasche. Wie oft hat sie ihre Mutter bei Führungen begleitet, wie oft sind beide gemeinsam hier spazieren gegangen. Als die Tochter sich eine eigene Wohnung suchte, wurde ihr Kinderzimmer zum Aktenlager der Gesellschaft der Freunde und Förderer des Alten Friedhofes in Bonn e. V. So hielten die Geschichten des Friedhofes auch Einzug in Zanders Zuhause.

Das hat sich nach der Geburt ihrer Enkel zwar geändert, und das einstige Archiv wurde wieder zum Kinderzimmer. Doch dieser »Befreiungsschlag« ist Erika Zander nicht leichtgefallen. Denn irgendwie gehört der Friedhof fast zur Familie. Und selbst wenn er unter Denkmalschutz steht und nur besonders erlauchte Persönlichkeiten hier begraben werden dürfen, weiß Erikas Tochter heute schon: »Du wirst eines Tages auf diesem Friedhof deine letzte Ruhestätte finden.«

ALTER FRIEDHOF
BORNHEIMER STRASSE
53113 BONN
WWW.ALTER-FRIEDHOF-BONN.DE

10 »Jeder Mensch ist ein Original!«

Der »Alle mal malen«-Mann zeichnet im Irish Pub »James Joyce«

Als er an diesem Abend an die Tische tritt, befinde ich mich in seinem Windschatten. Seine übliche Frage »Alle mal malen hier?« ergänzt er heute. Er deutet auf mich: »Die Frau schreibt ein Buch: *Bonn – Porträt einer Stadt*. Da geht es um Porträtmalerei. Die ist nirgendwo so einzigartig wie hier in Bonn«, erläutert er den Kneipengästen seine Interpretation des Buchkonzeptes. Er wolle sie zeichnen, damit ich einmal sehe, wie Porträtmalerei geht.

Seit rund zehn Jahren startet der »Alle mal malen«-Mann, wie Bonn Jan Loh nennt, seine ritualisierte Runde in dem Irish Pub, wo ihn eine Postkarte am Zapfhahn ehrt. Alteingesessene Bonner wissen, dass er schon mindestens zehn Jahre zuvor an den Wochenenden durch die Kneipen gezogen ist, um Menschen zu malen.

Viele Reaktionen an diesem Abend sind freundlich-verhalten. »Sie haben mich vor vier Jahren schon einmal gemalt«, sagt eine Frau. Eine andere: »Ich bin nicht gut frisiert.« »Ich habe bereits ein Bild von Ihnen zu Hause«, erklärt ein weiterer Gast. Doch Jan Loh ist hartnäckig. »Du bist in den letzten Jahren schöner geworden«, drängt er.

An drei Tischen hat er Erfolg und darf malen. Fünf Euro nimmt er pro Bild. Ich erinnere mich an die zwei Mark, die ich einst gezahlt habe. »Bei reichen alten Tanten kannst du das für 1.000 Euro weiterverkaufen«, verspricht Loh.

Als die Zeichnungen nach etwa fünf Minuten vollendet sind, bietet er noch Gesichts-, Handschriften- und Charakteranalysen an. »Eigentlich ist Analyse das falsche Wort«, erklärt er. »Denn Analyse stammt aus dem Griechischen und bedeutet ›zerlegen‹. Das reicht aber nicht aus, denn man muss es ja wieder zusammensetzen. Es muss also Analysynthese heißen.« Er analysynthetisiert demnach Handschriften, Charaktere und Gesichter. Bei der Schrift erkenne er an Tempo, Größe und Abständen, ob Menschen korrekt oder kreativ sind. Die Abweichungen von der Norm offenbarten das Besondere. Bei Gesichtern seien dies der Blick, die Züge oder auch die Größe der Nase.

Lohs Zeichnungen haben einen charakteristischen Strich

Auf sein Angebot der Charakterdeutung ließen sich nur wenige Leute ein. »Die meisten haben Angst, dass ich ihren wahren Charakter erkenne.« Trotzdem finde er es interessant, wie die Leute reagieren. Nur ein Prozent freue sich nicht über seine Bilder, da sie sich nicht erkennen. Alle anderen finden sich in den Bildern gut getroffen.

Aber »die meisten Menschen haben Komplexe«, erklärt Loh. »Sie unterwerfen sich dem Diktat der Mode und finden sich zu dick. Dabei ist jeder Mensch auf seine eigene Weise schön.« In unserer Kultur wollten alle immer nur dünn sein, während in arabischen Ländern das Schönheitsideal ein anderes sei. Dort möge man auch dicke Menschen.

Loh interessierte sich schon immer für die Besonderheiten der Menschen. Der gebürtige Gladbecker war 30 Jahre lang für die Deutsche Stiftung für Internationale Entwicklung in Bonn tätig. Hier sammelte und archivierte er Informationen über sogenannte Entwicklungsländer. Privat begeisterte er sich für andere Kulturen und reiste viel. »Aber nicht nach Australien oder irgendwohin, wo es so ist wie hier.« Er mag das Ausgefallene.

Wikipedia gilt er als Original. Bereits am Telefon hat er mir erklärt, was er davon hält: nicht viel. »Wissen Sie denn überhaupt, was original bedeutet?«, hat er gefragt. Es bedeute dem Wortsinne nach lediglich »ursprünglich«, »seinem Ursprung gemäß«. »Also ist jeder Mensch ein Original.« Dass er selbst nicht so bezeichnet werden will, hat jedoch einen anderen Grund: »Original meint doch immer auch, dass jemand ein bisschen schrullig ist, oder?«

Bei Wikipedia erfährt man ebenfalls, dass er 1931 geboren ist. Er selbst rückt mit dieser Zahl nicht heraus. »Wenn die Menschen nummeriert werden, drängt dies die Persönlichkeit zurück.« Also unterhalten wir uns nicht direkt über sein Alter. Seine »Abendspaziergänge« seien nicht anstrengend. »Sie geben mir ein Gefühl der Freiheit.« Als er aufhörte zu arbeiten, fing er damit an – erst gelegentlich, dann regelmäßig. »Ich mag Menschen, und ich mag Zeichnen. Was lag also näher, als beides miteinander zu verbinden?« Und wenn er zwischendurch müde wird, legt er einfach eine kleine Pause ein. An einem Tisch der Kneipe oder auch auf Treppen in Hauseingängen, an denen er vorbeikommt. Wenn er von seiner besonderen Kneipentour nach Hause zurückkehrt, hat er keinen Tropfen Alkohol zu sich genommen. Stattdessen trinkt er von Zeit zu Zeit, verstohlen unter den Tisch gebückt, einen Schluck Leitungswasser aus seiner mitgebrachten Plastikflasche, die er auf der Toilette auffüllt. An erfolgreichen Abenden verkauft er bis zu zehn Zeichnungen, doch manchmal sind es auch nur drei oder vier. »Das hängt vom Wetter ab.«

Der »Alle mal malen«-Mann ist stolz auf sein Werk. »Es gibt bereits Sammler unter meinen Fans«, erzählt er. »Und in der UNO in New York hängen Bilder von mir.« Ob er sie selbst auf seinen Reisen gesehen habe? »Nein, aber ist doch klar. Ich habe doch schon UNO-Angehörige gemalt.« Eine Ausstellung seiner Werke habe es noch nicht gegeben. »So viel Kunstverstand haben die in New York doch nicht.«

JAMES JOYCE IRISH PUB
MAUSPFAD 6-10
53111 BONN
WWW.ALLE-MAL-MALEN.DE

Live Your Life
to be wild

11 Auf der Suche nach Farbe und Familie

Hugo Soares fand sein Glück im Friseursalon »Salvatore Team«

Manchem gilt das Haupthaus von *Salvatore Team & Sohn* in der Thomas-Mann-Straße als Geheimtipp. Es sei dereinst gar von einer First Lady der Bundesrepublik frequentiert worden, so heißt es. Doch das bleibt ein unbestätigtes Gerücht, denn Inhaber Salvatore Russo legt Wert auf Diskretion. Jeder Kunde wird gleich behandelt, und kein Geheimnis verlässt den Laden. An diese goldene Regel hält sich auch Hugo – mit Vergnügen, obwohl er so viele Geschichten erlebt hat und täglich zu hören bekommt.

Hugo Rafael Gonçalves Soares, gebürtiger Portugiese, kam 1995 mit seinen Eltern nach Bonn, wo seine Tante und sein Onkel 1994 Arbeit gesucht und ein neues Zuhause gefunden hatten. Das erste Jahr lebte der Junge mit sechs Verwandten in einer Drei-Zimmer-Wohnung in Tannenbusch, während die Eltern in der Eisdiele *Lazzarin* am Bonner Marktplatz ihren Lebensunterhalt verdienten. 1996 zogen sie zu dritt nach Beuel. Hugo lernte Deutsch von den Nachbarskindern und in der Schule. Im Elternhaus galt die Regel: Man spricht Portugiesisch. Bis heute verstehen seine Eltern kein Deutsch.

Die Suche nach seinen Wurzeln führte ihn mit zwölf Jahren in seine Geburtsstadt Porto, wo er außerdem bei seiner Patentante seine Portugiesischkenntnisse verbessern wollte. »Dort habe ich die zwei schönsten und glücklichsten Jahre meines Lebens verbracht«, schwärmt er. »In Portugal ist man sehr sozial und kümmert sich umeinander. Jeder hilft jedem.« Die Kinder lernten während ihrer gesamten Schulzeit zusammen. Erst auf der Uni trennten sich die Wege. In Deutschland gehe es schon in der vierten Klasse darum, wer auf welche Schule kommt, wer intelligenter und wer dümmer sei. »Alle wollen hier Karriere machen, wollen immer besser sein als alle anderen.« In Portugal habe er die Menschen entspannter erlebt.

Ein Versuch seiner Mutter, wieder Fuß zu fassen, scheiterte allerdings. Mit dem Sohn kehrte sie nach Bonn zurück. Während Hugo in Villich bald Stufenbester war, begannen andere Probleme. Die Trennung der Eltern verkraftete er zwar gut, das Verhältnis zu seiner Mutter ge-

Hugo ist ein durch eine Fortbildung zertifizierter Meister der Farben

staltete sich indes zunehmend schwierig. Ein Sozialarbeiter des Jugendamtes unterstützte ihn. Er besuchte ihn regelmäßig, musizierte und redete mit ihm, war immer für ihn erreichbar und gab ihm Kraft. Doch als Hugo der Mutter seine Homosexualität offenbarte, behauptete sie, das sei eine Phase und gehe vorbei. Hugo fühlte sich eingeengt und floh buchstäblich von zu Hause. Es begann eine Odyssee durch viele Städte.

Die Jugendschutzstelle in der Bonner Innenstadt gab ihm zunächst Obdach. »Die erste Nacht dort war schlimm. Alles fühlte sich anonym und kalt an. Ich war völlig alleine.« Danach wurde ihm ein Heimplatz zugewiesen. In den fünf Monaten dort begann er eine Ausbildung zu seinem Traumberuf im Friseursalon *Unisex* am Hauptbahnhof. Dessen Konzept faszinierte ihn: »Die schönen Menschen mit den Piercings, diese funkelnden, bunthaarigen Wesen, die eine Riesenshow bei der Arbeit machen und die Scheren herumwirbeln, schienen wie aus einer anderen Welt.« Sein Besuch in dieser Welt war gleichwohl nicht von Dauer. Verliebt verließ Hugo Heim und Ausbildungsstelle und zog – noch minderjährig – zu seinem Freund nach Wattenscheid. Als er 18 wurde, bezogen die Männer eine Wohnung in Düsseldorf, und Hugo setzte seine Ausbildung fort. Doch die Beziehung zerbrach, und Hugo fand Unterschlupf bei einer Schulfreundin und ihrer

Familie. Er lebte bei ihnen in einem kleinen Dorf »wie in Portugal«, strahlt Hugo, »mit der ganzen Familie zusammen.« Doch auch dieses Glück war nicht von Dauer. Er kehrte zurück nach Bonn und wurde noch einmal Teil einer anderen Familie mit sechs Kindern, deren kleine Töchter er betreute, bis er seinen heutigen Mann kennenlernte.

Auf einer Einkaufsrunde nahe der neuen gemeinsamen Wohnung traf er die ehemalige Filialleiterin von *Unisex*, die nun im *Salvatore* arbeitete. Dann ging alles schnell. Hugo konnte nach einer langen Pause erneut eine Ausbildung beginnen. »Nun lernte ich ein anderes Friseurleben kennen.«

Bei Salvatore komme es nicht in erster Linie darauf an, viele Kunden zu bedienen, sondern systematisch zu arbeiten, hochwertig und nicht nach Gefühl. »Hier bin ich mehr als jemand, der nur Haare schneidet. Ich bin so etwas wie ein Lebensbegleiter, ein Psychologe. Ich höre den Menschen zu. Sie vertrauen mir ihre Sorgen und Familiengeheimnisse an, und wenn sie wiederkommen, wird daran angeknüpft.« Ihm gefällt diese Rolle.

Immer noch sei er kreativ und bunt, doch auf eine andere Art. »Von Salvatore habe ich geradliniges Schneiden gelernt.« Salvatore unterstützte Hugo dabei, seine Ausbildung auf der Privatschule in Siegburg fortzusetzen. Auch den anderen Mitarbeitern bietet er regelmäßige Fortbildungen und Frisurentrainings – alles auf freiwilliger Basis.

Hugo freut sich: »Er hört mir zu, wenn ich Ideen habe, und berücksichtigt Vorschläge, die ich mache. Wir haben sogar gemeinsam Möbel für eine Filiale in St. Augustin bei ihm zu Hause gebaut.« Salvatore ist Chef und Geschäft gleichermaßen – und nicht nur das. »Er ist für mich wie ein Vater.«

SALVATORE TEAM & SOHN
THOMAS-MANN-STRASSE 22
53111 BONN
WWW.SALVATORETEAM.DE

bonn
urban
sound art
/ stadt
klangkunst

Hier darf kein Hund arbeiten

Die Polizistinnen der Wache G.A.B.I. in der Maximilianpassage

Wenn sie in der Freizeit durch ihren Wohnort spazieren geht, blicken Ortsunkundige ihr erstaunt hinterher. Sie erregt Aufsehen, denn sie ist selten allein – außer einer Stute mit ihrem Fohlen begleitet sie hin und wieder ein freilaufender Hirsch, der sich auf ihrem Pferdehof am Rande Bonns eingenistet hat. Diesen Hof betreibt Christine Scholle im Nebenjob. Die Betreuung von zwei eigenen sowie 18 Pensionspferden betrachtet sie als wohltuende Abwechslung zu ihrer eigentlichen Tätigkeit in der *Gemeinsamen Anlaufstelle der Bonner Innenstadt (G.A.B.I.)* am Bonner Hauptbahnhof.

Auch ihre Kollegin Michaela Storek findet durch ihre Tierliebe die nötige Entspannung. »Der Job ist so stressig«, erklärt sie, »dass ich unbedingt einen solchen Ausgleich benötige.« Während eines Menorca-Urlaubs im Jahr 2000 fütterte sie regelmäßig eine wilde Maine-Coon-Katze. Deren Gewichtszunahme offenbarte sich erst als Schwangerschaft, nachdem die Jungen geworfen waren. Michaela Storek knüpfte Kontakt zur örtlichen Tierhilfe und importierte schließlich zwei Tiere. In Bonn baute sie ihr Haus so um, dass es den Katzen einen optimalen Lebensraum bot. Seither reist sie mindestens einmal im Jahr nach Menorca und unterstützt die Tierhilfe. Auch zu Hause widmet sie ihre freie Zeit den Katzen. »Anders könnte ich meine Arbeit gar nicht durchhalten«, erklärt sie.

Die Polizistinnen lieben ihre Arbeit an einem Ort, an dem Polizeihunde nicht arbeiten dürfen, weil die Tierschutzrichtlinien verbieten, dauerhaft ohne Tageslicht zu sein. Die meisten Bonnerinnen und Bonner meiden ihn, halten hier ihre Handtaschen fest oder gehen etwas zügiger, wobei sie vielleicht sogar die Luft anhalten. »Es gibt nichts Übles, was wir noch nicht gesehen und gerochen haben«, sagt Storek. Ihre vorrangige Klientel sind die Drogenabhängigen und Obdachlosen, die sich im und um das sogenannte »Bonner Loch«, eine Unterführung, herum sammeln.

Für diese Szene sind Storek, Scholle und die anderen Mitarbeiter der *G.A.B.I.* oft »die einzigen normalen Menschen, zu denen sie

Kontakt haben«, so Storek. Sie sind ihnen soziale Ansprechpartner, doch »greifen auch knallhart durch«, erklärt Scholle. Regeln, die im *Bonner Loch* gelten, wie beispielsweise das Alkoholverbot oder das Verbot, gegen die Schließfächer zu urinieren, werden eingehalten.

Christine Scholle dokumentiert den Tag am Computer auf der Wache G.A.B.I.

Zwischen der Polizei und der Szene besteht eine besondere Nähe. »Bei Verhaftungen reagieren die Betreffenden nicht einmal nachtragend«, sagt Scholle. Denn oft seien die Beamten für sie Retter in der Not, die so manchen, der sich aus Versehen eine Überdosis gespritzt hat, zurück ins Leben befördern. »Wir sehen hier schon sehr viel Elend«, meint Storek nachdenklich.

Beide Frauen bezeichnen sich als Spätberufene. Während Christine Scholle ein Studium der Agrarwissenschaften aufgrund enttäuschter Tierliebe abbrach und zur Vegetarierin wurde, strebte Michaela Storek nach der Höheren Handelsschule eine Versicherungskarriere an, doch die regelmäßige Büroarbeit war nicht das Richtige. »Als Kind waren Polizisten für mich Helden. Da ich selbst einen ausgeprägten Gerechtigkeitssinn besitze, habe ich mich entschlossen, zur Polizei zu gehen.« Als sie nach der Ausbildung in Brühl ihren Dienst auf der Wache in Beuel versah, hörte sie eines Tages, dass die Wache *G.A.B.I.* Unterstützung brauchte. Sie bewarb sich. Nun erfüllt sie ihren Dienst dort »mit ganzem Herzen«.

Christine Scholle kellnerte nach ihrem abgebrochenen Studium. Einer spontanen Eingebung folgend, verkündete sie eines Abends den Männern an der Theke: »Morgen bewerbe ich mich bei der Polizei.« Sie erntete Lacher – und machte Ernst. Während ihrer Ausbildung an der Fachhochschule der Polizei in Köln absolvierte sie ein dreimonatiges Praktikum auf der *G.A.B.I.*, da sie eine Abschlussarbeit über Drogenmissbrauch verfasste. Nach Stationen auf einer größeren Wache und bei der Einsatzhundertschaft kehrte sie hierher zurück.

Insgesamt 21 Beamten der Polizei sowie zwölf Mitarbeiter des Ordnungsamtes arbeiten Hand in Hand. Während die Polizei bei Verkehrsbehinderungen in der Fußgängerzone, bei Ladendiebstählen oder Kriminalität und Drogenmissbrauch zum Einsatz kommt, fallen Gesundheitsgefährdung, Jugendschutz, Tierschutz und Obdachlosenunterbringung in den Aufgabenbereich des Ordnungsamtes. Indem Polizei und Stadt gemeinsam tätig sind, erhöht sich die Effizienz. »Es erleichtert das unmittelbare Handeln der jeweils Zuständigen. Das ist gelebter Opferschutz«, erklären die Polizistinnen. Auf der *G.A.B.I.* herrsche ein besonders gutes Arbeitsklima, denn es dürfen nur Mitarbeiter eingesetzt werden, die sich aus freien Stücken hierfür melden. Von ihnen habe bislang niemand die Dienststelle verlassen.

Wie Michaela Storek hat auch Christine Scholle ihre Entscheidung nie bereut. In der Unterführung unter dem Hauptbahnhof, neben dem Zeitungskiosk zwischen U-Bahn und Busbahnhof »führen wir ein einzigartiges Polizeileben«, sagen beide. Bei allem Elend und der Not, die sie sehen, finden sie ihren Rückhalt in der Natur und bei ihren Tieren.

GEMEINSAME ANLAUFSTELLE
BONNER INNENSTADT (G.A.B.I.)
MAXIMILIANPASSAGE
53111 BONN

13 Geschichte(n) vermitteln bei Gruselführungen

Dr. Thomas Becker untermauert Mythen im Universitätsarchiv

Am Fuße der Treppe huscht eine Maus durch eine Ritze in der brüchigen Mauer. Bunte Papierfetzen an den Wänden erinnern an alte Filmklassiker, und vergilbte Plakate laden zu Filmabenden ein, die vor ein bis zwei Generationen die Studierenden regelmäßig in Hörsaal 10 gelockt haben. Die Vorführungen sind eingeschlafen – ebenso wie der Filmclub, dessen Initiatoren ihr Wissen heute in die Kinematheken Deutschlands einbringen. Dieses Wissen erwarben sie keineswegs nur in Vorlesungen und Seminaren, sondern weit mehr in Diskussionen und Debatten in den Pausen.

»Heute sind die Studierenden anders«, erklärt Thomas Becker. »Ich selbst habe während des Studiums viel Zeit in der Bibliothek und an der Uni verbracht. Wir haben uns im Seminar getroffen, haben diskutiert, uns mit den Gegenständen des Studiums, mit Politik und der Gesellschaft auseinandergesetzt. Heute geht es vor allem darum, das Studium schnell abzuschließen.« Der Archivar der Universität Bonn studiert eigentlich immer noch: Seit 1995 geht der promovierte Historiker tagtäglich den Geschichten und der Geschichte der Universität buchstäblich auf den Grund. Nach dem Zweiten Staatsexamen, dem Besuch der Archivschule in Marburg und seiner Promotion bei Ernst Schulin wurde Thomas Becker 1991 Dezernent am Nordrhein-Westfälischen Hauptstaatsarchiv in Düsseldorf. 1995 erhielt er die Stelle als Archivar der Bonner Universität.

Wenn ihn heute per E-Mail, Brief oder Telefon Fragen nach ehemaligen Angehörigen der Universität erreichen, steigt er die Stufen hinunter in den Keller, wo er in Kilometern Akten, Fotos und Dokumenten Antworten findet. Das Forschen vor Ort hält er für unerlässlich. »Im akademischen Bereich hängt viel vom persönlichen Erleben ab«, meint Becker. »Die Faszination ist nicht allein vom Papier vermittelbar.« Mit Blick auf das Bonner Hauptgebäude verkörpert Thomas Becker selbst unbestreitbar die Faszination für den Ort. Diese vermittelt er bei einem Kellerspaziergang und macht die Geschichte(n) und ihre Hintergründe nahezu erlebbar.

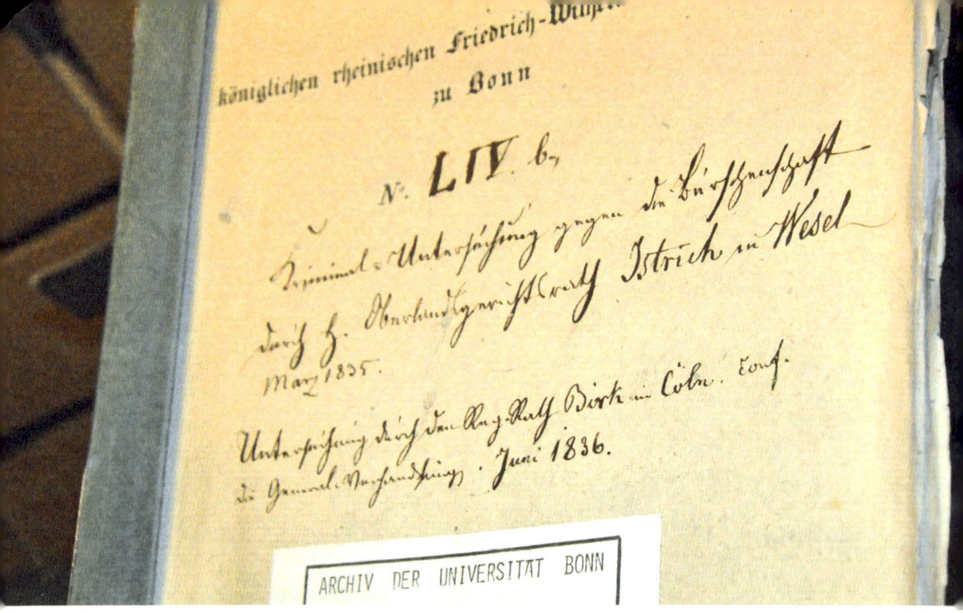

Akten belegen, dass die Universität einst ein eigener Rechtsraum war

Der erste Vorgängerbau der heutigen Universität wurde von 1567 bis 1577 errichtet. Während der Nutzung des Gebäudes als kurfürstliches Schloss der Kölner Erzbischöfe und seit der Gründung der preußischen Universität des Rheinlands im Jahre 1818 gab es zahlreiche Um- und Anbauten. Sie sorgten dafür, dass sich der Keller zu einem verwinkelten Gewirr aus Fluren, Gängen, Gewölben und Kammern entwickelte. Beispielsweise wurde die Fassade »Am Hof« so versetzt, dass zwischen den historischen Kellern und der heute sichtbaren Außenwand ein niedriger Gang von etwa einem Meter Breite entstand, durch den Kabel und Leitungen verlaufen und von dem aus der heimliche Blick auf die Füße der draußen Spazierenden möglich ist.

Überreste – und nicht nur aus Papier – erzählen von Studierenden, deren Auseinandersetzungen mit Studieninhalten oder auch der universitären Obrigkeit und von den Ereignissen der vergangenen zwei Jahrhunderte. Im 19. Jahrhundert galt die Universität als eigener Rechtsraum. Vergehen wurden von einer Art campuseigener Polizei geahndet. Nicht selten – wie infolge der 48er-Revolution – verbrachten Studenten einige Tage im Karzer. Einer der prominentesten unter ihnen war Karl Marx. Doch Becker kennt weitere Namen und Geschichten.

Große Fotoalben erinnern an die Studentengeneration der jungen Männer, die 1914 begeistert in den Krieg gezogen und nur selten wiedergekehrt sind. An einer Wand zeugt der Schriftzug »Ruhe bewahren« von der Nutzung der Kellergewölbe als Bunker während des Zweiten Weltkriegs. Unterschiedliche Gesteins- und Mauerarten zeugen an anderer Stelle davon, dass dieser Bunker keineswegs sicher war.

Das Schild »Zum alten Kurfürst« über einem Türbogen, unter dem sich allerlei Gerümpel türmt, hat die Universitätsmitarbeiter in den 50er-Jahren auf ein Gläschen in eine gemütliche Weinstube eingeladen. In einem weiteren Flur erinnern zahlreiche Karteikästen mit blauen und rosafarbenen Karten daran, dass die geschlechtliche Zuordnung der Studierenden noch in den 80er-Jahren farblich definiert war. An einer anderen Kellerwand lehnt eine alte, mit Aufklebern beklebte Tür, die jemand aus den Angeln gehoben, scheinbar achtlos abgestellt und vergessen hat. Ein verblichener Schriftzug auf jenen Aufklebern fordert kaum lesbar »Peace«, ein anderer »Reagan go home«.

Die Studenten der 68er und deren Nachfolger trugen ihre politische Kritik in die Universität. Auf welche Art sie sich insbesondere mit der akademischen Tradition der Festschriften auseinandersetzte, ist eine Frage, der Becker derzeit in seinen Seminaren nachgeht. In einer Veröffentlichung zu diesem Thema will er – gewissermaßen mit einer Diskussion auf der Metaebene – zum 200. Jahrestages der Universität 2018 beitragen. Doch auch zur offiziellen Festschrift leistet er seinen Beitrag. Sein Thema: die Jubiläen.

»Anhand der Jubiläen von Universitäten lässt sich sehr viel über das akademische Leben aussagen«, erklärt Becker. »Die Einladungen sowie die Glückwunsch- und Dankesschreiben, die die Professorinnen und Professoren seit dem 19. Jahrhundert erhielten, geben Auskunft über die Art der Selbstvergewisserung der Bonner Akademiker im internen akademischen Raum.«

Doch Becker äußert sich nicht nur in wissenschaftlichen Schriften, er öffnet sein Archiv und die Keller der Universität auch für interessierte Gruppen. Seine Vorliebe sind Gruselführungen, bei denen er die Besucher durch die dunklen, verwinkelten Gänge und in düstere, feuchte und modrig riechende Kammern führt, in denen ein leichter Luftzug einem Schauer über den Rücken jagt. Er liebt Schauermärchen und ist ein Meister des Geschichtenerzählens.

Hier trafen sich Professoren einst zum Gläschen Wein

Allerdings sind es weniger die Erfindungen in den Geschichten als vielmehr die zugrunde liegenden historischen Fakten, die ihn reizen. Folglich ärgert ihn inzwischen beinahe die wiederkehrende Frage nach dem unterirdischen Gang, der sich vom Hauptgebäude zum Poppelsdorfer Schloss erstreckt haben soll. »Einen solchen Gang kann es nie gegeben haben«, klärt Becker auf. »Zwischen dem Schlossgebäude und der Uni liegt eine Senke. Der Gang hätte unter dem Grundwasserspiegel hindurchgehen müssen.« Das wäre bautechnisch unmöglich, doch die Mär hält sich.

Literatur und Märchen betrachtet Becker als historische Quellen, deren faktischen Kern er sucht. Dies gilt auch für Gruselgeschichten über Hexen, denn er firmiert als Fachmann der Hexenverbrennungen im Rheinland der frühen Neuzeit. Kaum jemand kennt die historischen Hintergründe und Zusammenhänge dieser Hexenverbrennungen und Bonns Rolle darin so detailliert wie Becker.

Zwar ist bekannt, dass die Witwe des Bürgermeisters Johann Georg Kurtzrock und Wirtin des Gasthauses *Zur Blomen*, das heute unter dem Namen *Em Höttche* neben dem Rathaus gutbürgerliche rheinische Küche serviert, am 30. Oktober 1628 als angebliche Hexe verbrannt wurde. Becker kennt die Details. Obwohl keine Prozessakten erhalten sind, die einen eindeutigen historischen Befund geben, nimmt er aufgrund von Indizienbeweisen an, dass Bonn ein Zentrum der Hexenverbrennung war. Hinweise darauf hat er in Akten und Briefen gesammelt, die er in privaten Archiven und Bibliotheken ehemaliger kleiner adeliger Grundherrschaften des Umlandes gesichtet hat.

Durch akribisches Quellenstudium wies Becker auch den Zusammenhang zwischen Siedlungsformen und Hexenverfolgungen im Rheintal nach. »Der Zusammenhalt unter der Bevölkerung spielte hierbei eine Rolle«, erklärt er. »Anschuldigungen gegen Hexen fungierten oftmals als Angebot, um einzelne Gruppen in Orten zu schädigen. Ob ein Vorwurf tatsächlich zur Verfolgung führte, hing davon ab, ob sich im Ort eine Mehrheit bildete. Dies war in Straßendörfern möglich, in Streuhofsiedlungen hingegen kaum der Fall.«

Den Hexenfachmann konsultieren von Studierenden bis hin zu Filmemachern beinahe alle, die das Thema bearbeiten. Davon zeugen zahlreiche kleine und große Hexen aus Schokolade oder Porzellan, Plastik oder Holz auf dem Regal hinter seinem Schreibtisch. Jede einzelne war das Honorar für eine unentgeltliche Information und Hilfe. Denn immer wenn Becker gefragt wird, zu welchem Preis er Neugierige an seinem Expertenwissen teilhaben lässt, erbittet er symbolisch eine Hexe. Durch ihre Präsenz erhält er sich bei all seinen Forschungen in historischen Akten und Briefen den kleinen und unterhaltsamen Gruselfaktor, bei jedem Blick in Lexika und Bücher die Erinnerung an die Erzählungen und Mythen, die sie umgeben.

ARCHIV DER UNIVERSITÄT BONN
AM HOF 1
53115 BONN
WWW.UNI-BONN.DE

14 In Bonn beinahe vergessen

Lea Goldberg besuchte das Seminar für Orientalische Sprachen

Eine Schule, eine Straße und eine Abbildung im Pflaster erhalten das Gedenken an Paul Kahle, der als Regimekritiker 1939 von der Universität suspendiert wurde, und Marie Kahle, die jüdischen Freunden nach dem Pogrom 1938 half und 1939 nach England emigrieren musste. Lea Goldberg jedoch, jüdische Schülerin des Orientalistik-Professors, ist in Bonn beinahe vergessen, während sie in Israel Geschichte(n) schrieb.

Im Frühling 1932 trifft sie in Bonn ein, um bei Professor Kahle zu promovieren. Sie genießt die Vorteile der Kleinstadt in Form persönlicher Kontakte und Freundschaften. Kahle verdient zu Recht die Bezeichnung Doktorvater, denn die Beziehung ist nicht nur auf fachlich-wissenschaftlicher Ebene intensiv. Bei Wanderungen mit seiner Familie und während der Besuche bei ihm wird daraus eine Bindung voller Respekt und Zuneigung. Mit Wertschätzung erinnert sich Goldberg später in *Über die Größe eines Menschen* an den Mut Kahles, zu seinen verfolgten Mitarbeitern zu stehen.

Den Antisemitismus ihrer Umgebung bekommt Goldberg zunehmend zu spüren. Nach Aufenthalten in Russland und Litauen kann auch Bonn nur eine Station bleiben. Denn das *Gesetz zur Wiederherstellung des Berufsbeamtentums* schließt Juden aus dem öffentlichen Leben aus und markiert einen Schritt auf dem Weg zu deren Vernichtung. Goldberg muss Uni und Stadt verlassen. 1935 emigriert sie ins spätere Israel. Als Wissenschaftlerin, Übersetzerin und vor allem Autorin prägt sie die Kultur des neuen Staates, wo sie wissenschaftlich und literarisch gewürdigt wird. Nach Bonn kehrt sie nie zurück. Ihre Erlebnisse hier bleiben leise autobiografische Anklänge in ihrem literarischen Werk.

SEMINAR FÜR ORIENTALISCHE SPRACHEN
HEUTE: ZÜRICH VERSICHERUNG
POPPELSDORFER ALLEE 25
53115 BONN

»Wetten, der Neue schafft das nie?«

15

Prof. Maximilian Weigend leitet die Botanischen Gärten

Sein Stuhl war kaum angewärmt, da liefen bereits erste Wetten: Schafft er das Unmögliche? Drei Monate nachdem Professor Maximilian Weigend seine Stelle als Direktor der Botanischen Gärten angetreten hatte, verlor der Technische Leiter der Gärten gegen den Wissenschaftlichen Leiter: Weigend erhielt die Möglichkeit, den Melbweiher im Botanischen Garten hinter dem Poppelsdorfer Schloss zu sanieren.

Als Blickfang vom Schloss aus hatte sich der ursprüngliche mittelalterliche Burggraben, von Kurfürst Clemens August selbst in ähnlicher Form geplant und umgebaut, seit geraumer Zeit in einen übel riechenden Tümpel verwandelt. Das unbefestigte Ufer war an weiten Stellen weggebrochen, der Weiher befand sich in einem miserablen Zustand. Seine Sanierung würde mindestens eine sechsstellige Summe kosten – das war Weigend klar. Er schreckte vor dem Mammutprojekt aber keineswegs zurück.

Als er 2011 den Ruf auf den Lehrstuhl am *Nees-Institut für Biodiversität der Pflanzen* erhielt, blickte er auf Erfahrungen als wissenschaftlicher Mitarbeiter zurück. Er hatte nicht damit gerechnet, dass sein Kindheitstraum in Erfüllung gehen und er zum Direktor der Botanischen Gärten ernannt werden würde. Obwohl er seit 1999 seine eigene kleine Firma leitete, war die Arbeit mit über 11.000 Pflanzenarten und 50 Mitarbeitern in ihrer Dimension erst einmal Neuland. Trotzdem war er zuversichtlich.

»Die Weihersanierung entwickelte sich jedoch zum ganz großen Albtraum. Jede Katastrophe, die irgendwie denkbar war, trat ein.« Der Bau begann Ende 2012. »Eigentlich hatte man ständig den Eindruck, jede Firma mache jede Arbeit zum ersten Mal.« Es gab Pannen, zeitweilig wurde ein Baustopp verhängt, eine Firma musste sogar den Bankrott erklären, und die Kosten verdoppelten sich auf über eine Million Euro. Das juristische Nachspiel dauerte gar Jahre an, wurde letztlich aber – für die Gärten – befriedigend zu Ende gebracht. Einer der negativen Höhepunkte sei eine falsch gegossene Brückenplatte

Die Bunges-Kiefer fällt wegen ihrer außergewöhnlichen Rinde auf

gewesen. Den Fehler bemerkte man erst, als ein Tieflader sie bereits über komplizierte Wege angeliefert hatte.

»Schließlich bekam ich die Vor- und Nachteile der Bürgerbeteiligung zu spüren«, seufzt Weigend. Über ein Jahr habe er einen Kampf gegen die Öffentlichkeit führen müssen, obwohl eigentlich alle Fragen zur Umgestaltung im Vorfeld geklärt waren. »Der Poppelsdorfer an sich ist Experte für alles – vor allem für alles, was mit Tieren zu tun hat.« Und er habe sich dem Tierschutz verschrieben.

Als der Weiher ausgepumpt wurde, um den Schlamm durch frisches Wasser zu ersetzen, sorgte dies für einen Aufschrei. Denn in dem Schlamm nisteten einige Stockenten, die sich vom Rheinufer hinter das Schloss verirrt hatten. Eine Bürgerbewegung entstand, die sich für die Rechte der Enten einsetzte. Ein eigens zum Brüten ausgehobenes Ausweichbecken besänftigte den Protest nicht. Zeitweise hingen sogar Schmähgedichte gegen Weigend an der Brücke zur Poppelsdorfer Allee, täglich erreichten Protestanrufe die Gartenverwaltung, Anwohner kippten nachts kistenweise trockenes Brot über die Mauer, um ein befürchtetes Verhungern der brütenden Tiere zu verhindern. »Enten-Gulag« titelte schließlich gar eine Köln-Bonner Boulevardzeitung. »Poppelsdorf hat mich buchstäblich mit einem Shitstorm empfangen«, meint Weigend.

Inzwischen haben sich die Gemüter beruhigt, die Sanierung ist abgeschlossen und der Melbweiher zu einem Schmuckstück der Botanischen Gärten geworden, in dessen Mitte eine Fontäne sprüht, »wie Clemens August es wollte.« Diese wird nur in Ausnahmesituationen ausgeschaltet – wie im Sommer 2015, als erstmals ein Zwergtaucher darin nistete.

Weigend konnte letztlich seine Kritiker überzeugen und erfreute sich während dieser Zeit der ungeteilten Unterstützung der Universitätsleitung und des Freundeskreises der Botanischen Gärten. Er entwickelte erstmals seit 200 Jahren einen Masterplan für die Gestaltung der Gärten, den die Mitarbeiter gemeinsam beschlossen. Dieses inhaltliche Konzept führt dazu, dass Schmuckstücke des Gartens zur Geltung kommen. Hierzu zählen die 14 Rekordbäume, die als jeweils höchste ihrer Art in Nordrhein-Westfalen, Deutschland bzw. Europa ausgezeichnet wurden und vorher teilweise kaum sichtbar waren. Sie werden bei Umgestaltungen als Ankerbäume behandelt. »Ihr Standort und Wuchs bestimmen die Planung der weiteren Entwicklung.« Einige Sumpfzypressen sind solche Ankerbäume. Ihre Samen schickte ein Schüler des berühmten Professors für Botanik, Eduard Strasburger, um 1900 aus South Carolina. »Vielen ist die Zeitdimension gar nicht bewusst, in der wir denken und arbeiten«, so Weigend. »Wenn ich heute mit unseren Rekordbäumen angebe, dann haben Leute wie Strasburger sie vor mindestens 100 Jahren gepflanzt.« Stets erfolge die Arbeit unter Berücksichtigung der Geschichte mit Blick auf die Zukunft und in Reaktion auf Unvorhergesehenes – denn manchmal würden Pflanzen leider eingehen. »Bei allem, was ich heute plane und anlege«, sagt Weigend mit Blick auf einige kleine Birken, »kann ich also nur hoffen, dass ein anderer es in 100 Jahren stolz präsentiert.«

BOTANISCHE GÄRTEN
DER UNIVERSITÄT BONN
MECKENHEIMER ALLEE 171
53115 BONN
WWW.BOTGART.UNI-BONN.DE

16

Konkurrenz unterm Riesenrad

Peter Barth grillt Steaks auf Pützchens Markt

Die achte Generation sitzt entspannt im Kinderwagen, während die sechste und die siebte Generation der Familie Barth an ihrem Schwarzwaldgrill fleißig sind. Denn: »Pützchens Maat es anjesaat!« Peter Barth, Familienoberhaupt und Vorsitzender des *Schausteller- und Geselligkeitsvereins Bonn e.V.*, erinnert sich, wie seine Eltern früher gearbeitet haben, während er die Karussells ausprobiert hat. Die stehen den Kirmeskindern frei zur Verfügung. Nach aufregenden Tagen hörten sie beim Einschlafen die Musik und das Lachen. »Nur sonntags gehen die zahlenden Gäste vor.«

Die Schausteller freuen sich jedes Jahr, in Pützchen einzutreffen. »Es ist ein bisschen wie nach Hause kommen«, lächelt Barth. Am 650. Geburtstag des Jahrmarktes 2017 ist Barth mit seinem Schwarzwaldgrill dabei. Er und die anderen Schaustellerfamilien, die seit Generationen Teil der Beueler Tradition sind, erinnern an die einstige Wallfahrtsstätte in Pützchen, die 1368 erstmals als Markt erwähnt wurde und inzwischen schon seit Jahrzehnten als Kultkirmes im Rheinland gilt.

Doch feiernde Menschen, Lachen und glänzende Kinderaugen sind nur eine Seite des Kirmeslebens. »Die Platzmiete und die Stromkosten steigen jährlich«, seufzt Barth. 1979 bestückte seine Familie beinahe ein Drittel von Pützchens Markt mit Fahrgeschäften und Buden, zehn Jahre betrieb er selbst den *Flying Circus*. Inzwischen habe er sich gesundgeschrumpft. August Kipp, dessen Riesenrad Pützchens Markt und den Schwarzwaldgrill überragt, lächelt: »Man lernt bei uns schon als Kind die Konkurrenz fürs Leben kennen und bleibt doch ein Leben lang miteinander verbunden. Wie eine große Familie.«

PÜTZCHENS MARKT
53229 BONN
WWW.FREUNDESKREIS-PUETZCHENSMARKT.DE

TOP EVENT IM MAI
SCHÄNG & FRIENI
29. Mai 2015 - 20

17 Von der Wäscherprinzessin zur Obermöhn

Ina Harder stürmt alljährlich das Beueler Rathaus

Ina Harder sieht entspannt aus. In wenigen Tagen ist Ostern, und in der Fastenzeit hat sie Urlaub. Doch nicht mehr lange, denn die Karnevalszeit beginnt für sie am Tag nach Ostermontag. Dann trifft sich die Findungskommission zur Auswahl der Beueler Wäscherprinzessin. Dieses in Deutschland einzigartige Amt erinnert daran, dass die Wäscherinnen dereinst im Karneval das Sagen hatten. Die Damen der 16 rechtsrheinischen Damenkomitees kommen nach der Fastenzeit zusammen, um es für die folgende Session zu vergeben. Ina Harder, die als Präsidentin dem *Alten Beueler Damenkomitee von 1824 e. V.* vorsteht und in dieser Funktion den Ehrentitel der Obermöhn trägt, verkörpert diese Tradition, die 1824 durch die Beueler Wäscherinnen begründet wurde und an die mit dem jährlichen Rathaussturm an Weiberfastnacht erinnert wird.

Beuel, rechtsrheinischer Stadtbezirk Bonns, hatte sich über Jahrhunderte als Ort der Wäscherinnen etabliert. Anfang des 19. Jahrhunderts lieferten die Männer immer donnerstags die saubere Wäsche in die umliegenden Orte und Städte aus. 1823 brachten sie ihre Lieferung nach Köln, just als dort der Karneval tobte. Vergeblich warteten die Frauen auf die Rückkehr der Männer, erst mitten in der Nacht trafen sie ohne den erwarteten Lohn wieder ein, den sie im Karneval ausgegeben hatten.

»Das ließen die Frauen sich nicht bieten!«, erzählt Ina Harder. »1824 gründeten sie das erste Damenkomitee. In den folgenden Jahren begannen sie, Sitzungen zu veranstalten, das Rathaus zu stürmen und den Männern an einem Tag im Jahr ihre Macht zu nehmen.« Auf diese Weise sei, ausgehend von Beuel, im Rheinland der Brauch der Weiberfastnacht entstanden. Der Sturm des Beueler Rathauses durch die Wäscherinnen ist noch heute Beginn und Höhepunkt der fünften Jahreszeit. Nicht zuletzt für die Obermöhn.

Ina Harder hat den Karneval bereits mit der Muttermilch aufgesogen: Ihr Vater war als Senator der Beueler Stadtsoldaten Mitglied in einem der größten und traditionsreichsten Karnevalsvereine, ihre

Mutter engagierte sich im Damenkomitee von 1824. Ina begann mit sechs Jahren im Kindercorps der Stadtsoldaten zu tanzen. Ihr langersehntes Ziel erreichte sie pünktlich zur 2.000-Jahr-Feier der Stadt Bonn: 1989 wurde sie Wäscherprinzessin.

Der Griff der Rathaustür erinnert an die Tradition der Wäscherinnen

»Nie werde ich den Moment vergessen«, erzählt sie, »als ich mit dem damaligen Oberbürgermeister Dr. Hans Daniels während einer Karnevalssitzung auf der Bühne herumblödelte.« Das sei üblich – die Frauen gäben sich den Männern gegenüber im Karneval kess. Doch anstatt dem OB spaßend zu drohen, er werde bald den Schlüssel abgegeben müssen – den Rathausschlüssel nämlich –, sagte Ina: »Bald werden Sie den Löffel abgeben!«, und erzielte damit viele Lacher.

Inzwischen passieren ihr derartige Schnitzer nicht mehr, die Bütt ist wie ihr zweites Wohnzimmer. Sie moderierte den Rathaussturm, die Mädchensitzung und selbst den Fassanstich auf Pützchens Markt. Ihr Ruf als Karnevalsgröße wurde sogar auf der linken Rheinseite vernommen: Rico, designierter Prinz der Session 2006, wünschte sich Ina als seine Bonna. Da sie für den Beueler Karneval gestanden habe, bedurfte es einiger Überzeugungsarbeit des offiziellen Festausschusses des Bonner Karnevals, in dem lokale wirtschaftliche und politische Größen dafür sorgen, dass im närrischen Treiben alles nach den Regeln und Vorschriften verläuft.

Nach ihrer Regentschaft als Bonna Ina I. kehrte sie als Vize-Obermöhn in ihre angestammte Hochburg zurück und avancierte 2012 zur Obermöhn. Ihr komplexes Funktionsbild umfasst Aufgaben wie die Planung und Gestaltung der Kostüme und Orden, die Auswahl der Kandidatinnen für das Amt der Wäscherprinzessin, die

Abstimmung ihrer Termine. Ina trainiert mit ihnen die Reden, bereitet sie auf die Auftritte vor – und vor allem auf den Rathaussturm. Lachend erzählt sie, wie die angehenden Wäscherprinzessinnen mit einem Kochlöffel als Mikrofon in ihrer Küche gestikulieren, wie sie sie von Zeit zu Zeit vor den Spiegel schubst. »Die Situationen, mit denen die jungen Mädchen konfrontiert werden, sind nicht immer ganz einfach.« Es passiere schon einmal, dass betrunkene Jecken ein wenig zudringlich würden. Ina schärft ihnen ein: »Das lächeln wir weg.«

Anders sei es, wenn sie ein Seniorenheim oder die Kinderkrebsstation besuchten. »Dann fällt es schwer, lustig zu sein«, sagt Ina. Ihre Aufgabe bestehe allerdings nicht nur darin, die Tradition zu erhalten. Sie habe auch soziale Verantwortung übernommen. Sie möchte Menschen Freude bringen. »Das gehört zu den Aufgaben der Wäscherprinzessin. Da müssen die Mädels durch.« Ina ist immer bei ihnen. »Mama« nennen sie sie, Ina spricht von »meinen Kindern«. Wenn die Session vergangen ist, kommen ihr manchmal die Tränen, denn die jungen Karnevalistinnen sind ihr ans Herz gewachsen. Unterstützung findet sie dann privat bei dem Musiker Winni Lombardo, der als Sänger der Band *Schäng* ihre Karnevalsleidenschaft teilt.

Ina möchte ihre Aufgabe noch lange ausüben. Eine ihrer Vorgängerinnen war 25 Jahre Obermöhn, bevor sie sich als Ehren-Obermöhn zur Ruhe setzte. Darauf freut sich Ina in einem Vierteljahrhundert auch schon.

BEUELER RATHAUS
FRIEDRICH-BEUER-STRASSE 65
53225 BONN
WWW.WAESCHERPRINZESSIN.DE

18

Verwurzelt, doch weit hinaus

Klaus Uckel leitet den Projektträger im DLR

Klaus Uckel blickt aus seinem Bürofenster über das benachbarte *Kameha Grand Bonn* zu den Ausflugsschiffen auf ihrem Weg ins Siebengebirge zur Erinnerung an die Rheinromantik. Dort, wo sich Moderne und Tradition, Innovation und Erinnerung die Hand reichen, sollte dies auch wissenschaftlich, politisch und ökonomisch geschehen. Dafür tritt Uckel an, der seit Januar 2015 den Projektträger im Deutschen Zentrum für Luft- und Raumfahrt (DLR) leitet.

In der typisch bönnschen Lebensweise findet er Internationalität und Toleranz. »In Bonn wird Regionalität zur Weltläufigkeit. Die Wurzeln sympathischer Bürgerlichkeit und Internationalität verschmelzen zu einem Kompromiss.« Früher wohnte Uckel in der Südstadt und im Musikerviertel. Hier spüre man die »Gelassenheit des Südens, wie man es einer Provinz gar nicht zutraut«, in die aufgrund eines historischen Zufalls die internationale Politik Einzug gehalten habe. »Na, Herr Doktor«, grüßte ihn seinerzeit täglich die Nachbarin, »jeh'n Se wieder in et Mysterium?« Dieser rheinisch-freudsche Versprecher sei paradigmatisch: So stolz man auf die Anwesenheit von Wissenschaft und Politik sei, erscheine dieses »Akachemische« doch suspekt. »Ob es gelingt, Bonn zu einer weltweit anerkannten Stadt der Wissenschaft zu machen, hängt vor allem davon ab, ob die Bonner das mitgestalten.« Im Dialog will der Liebhaber der rheinischen Mundart die Menschen für die Wissenschaft begeistern.

Etwa 1.000 Mitarbeiterinnen und Mitarbeiter stehen ihm zur Seite, um den Erfolg von Forschungsvorhaben an einer Schaltstelle zwischen Politik und Wissenschaft zu garantieren. »Bonn hat tolle Chancen, mehr aus sich zu machen.«

DEUTSCHES ZENTRUM
FÜR LUFT- UND RAUMFAHRT (DLR)
DLR PROJEKTTRÄGER
HEINRICH-KONEN-STRASSE 1
53227 BONN
WWW.DLR.DE

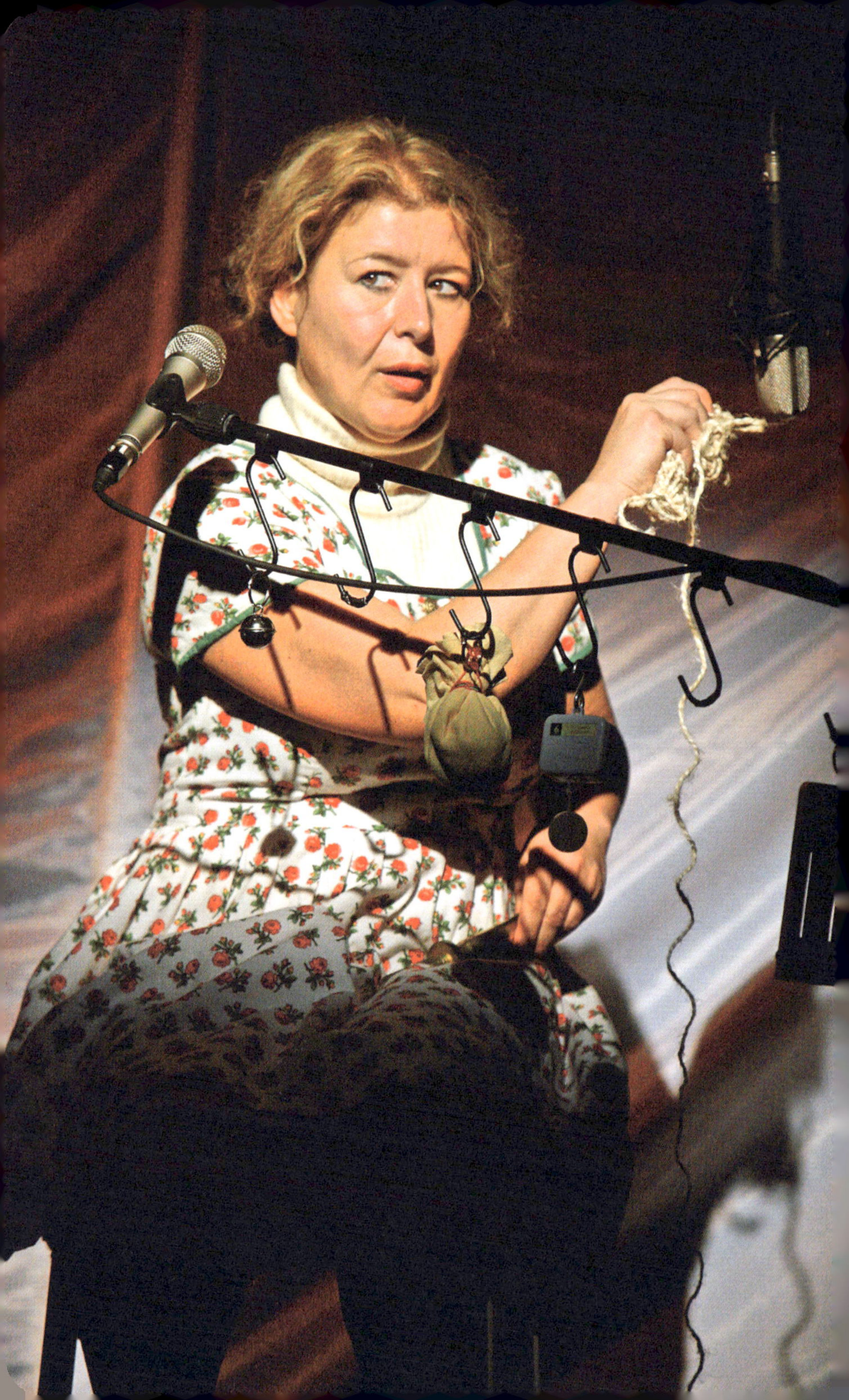

19 Mehr als »nur« Schauspielerin

Tina Jücker »macht« das »Marabu«-Theater

Sie sitzt in der ersten Reihe, vor sich einen kleinen Tisch mit Manuskriptseiten, Stiften und Notizzetteln. Konzentriert folgt sie dem Spiel der Darsteller auf der Bühne. Sie lächelt, lacht, wird ernst, hebt nachdenklich die Augenbrauen und lächelt wieder. Stets liegt ein liebevoller Ausdruck auf ihrem Gesicht, während sie die Szene betrachtet.

Es ist ein neuartiges und ungewöhnliches Projekt am Kinder- und Jugendtheater *Marabu*, das Tina Jücker betreut. In Kooperation mit dem Theater Bielefeld haben sechs Senioren aus Bonn und Bielefeld das Stück *Die glorreichen Sechs* für Kinder entwickelt. In den Mythos vom Wilden Westen sind eigene Erinnerungen an die Kindheit eingeflossen – nicht immer schöne Erinnerungen an autoritäre Erziehungsmethoden, manchmal sogar Schläge. Dennoch zeigt ihr Stück Kindern, dass es immer eine Möglichkeit gibt, den eigenen Traum zu leben.

Diese Botschaft unterschreibt Tina Jücker, denn mit dem Aufbau des *Marabu*-Theaters hat sie hat ihren Lebenstraum verwirklicht. Zwar liebte sie das Theater immer, doch bereits während ihres Studiums der Sozialpädagogik entdeckte sie die Möglichkeiten, die es für die Arbeit mit Kindern und Jugendlichen bereithält. Hierin stimmte sie mit dem Studenten der Politikwissenschaften Claus Overkamp überein, den sie während ihrer Ausbildung an der Akademie Remscheid kennenlernte, einer Fortbildungsakademie für Fachkräfte der Jugend- und Sozialarbeit im gesamten Spektrum kultureller Bildung.

Fortan blieben beide nicht nur beruflich verbunden. 1993 gründeten sie das Theater *Marabu* und hatten ihre erste Premiere in Wuppertal, an die sich zahlreiche Tourneen anschlossen. Meist handelte es sich um das für die 90er-Jahre typische Paartheater. Sie nutzten Proberäume im Kulturzentrum *Bonner Brotfabrik*, das Tina kennengelernt hatte, als sie nach ihrem Studium Geschäftsführerin des *Bundesverbandes für studentische Kulturarbeit* in Bonn war und einen bundesweiten Fotowettbewerb über Studentinnen an Hochschulen organisierte. Diese sichere Stelle gab sie wenig später auf, um sich auf den wirtschaftlich unsicheren Weg der Theatermacherin zu kon-

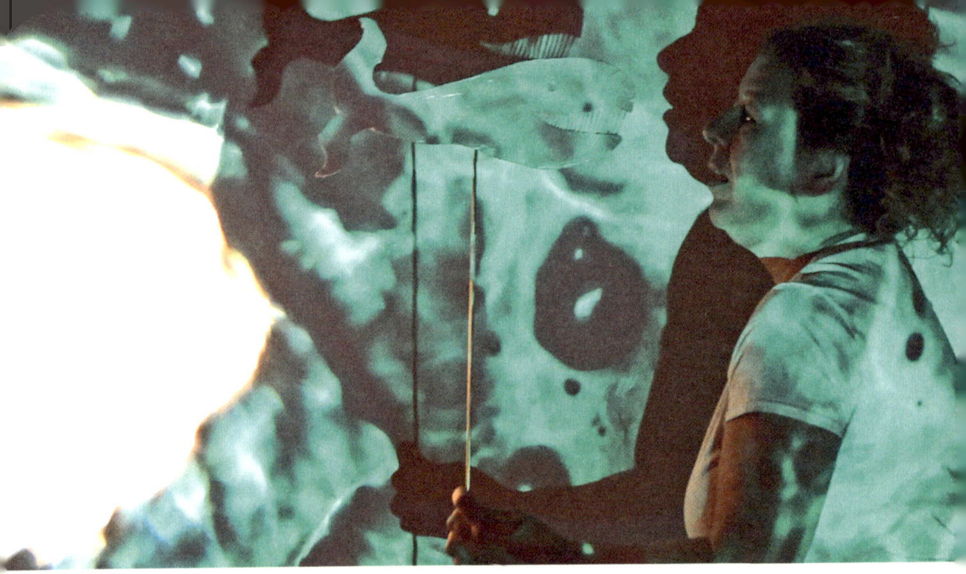

Tina Jücker spielt auf der Bühne mit verschiedenen Medien

zentrieren. »Ich wollte nie ›nur‹ Schauspielerin sein«, sagt sie. Mit Overkamp packte sie die unterschiedlichsten Projekte an, besuchte Fort- und Weiterbildungen sowie Seminare der Theaterpädagogik.

1997 erarbeiteten sie *Das Wasserkind*, das Erinnerungen und Autobiografisches von Tina enthält, weshalb es bis heute zu den Stücken gehört, die ihr am meisten ans Herz gewachsen sind. »Mit diesem Stück sind wir professionell geworden und in der Theaterszene angelangt«, erzählt sie. Zehn Jahre spielte *Das Wasserkind* auf deutschen Bühnen sowie in Frankreich, Belgien, Luxemburg, Österreich und der Schweiz. Eine besondere Auszeichnung war 1997 die Einladung zum Festival *Augenblick Mal!*, einem bundesweiten deutschen Theatertreffen für junges Publikum in Berlin. Einen Sonderpreis beim NRW-Theatertreffen für junges Publikum erhielten sie außerdem. Seither häufen sich die jährlichen Preise für die verschiedenen Produktionen.

Mit einer städtischen institutionellen Förderung konnten Claus und Tina die Proberäume 2003 zur eigenen Spielstätte ausbauen, doch auf Kooperationen, Preisgelder, private Förderung und Spenden bleiben sie angewiesen. Inzwischen koordiniert Tina einen Spiel- und Probenplan mit 34 Schauspielerinnen, Schauspielern sowie Technikern, die alle freischaffend tätig sind. Hinzu kommen Gastregisseure, Ausstatter und Künstler aus anderen Sparten wie Musik und Video, die an Proben mitarbeiten, im laufenden Spielbetrieb aber nicht mehr dabei sind.

Die Konzepte und Ideen für zukünftige Projekte scheinen Tina und Claus niemals auszugehen. »Wir schaffen Bilder und machen kein klassisches Sprechtheater. Wir spielen mit dem Sound, mit dem Mikro, mit allen Sinnen des Publikums.« Besonders Projekte des autobiografischen Theaters reizen sie. »Theater ist für uns ein Ort, an dem Welt verhandelt wird«, erklärt Tina. »Hier werden auch schwierige Themen kollektiv betrachtet und erlebt.« Es müsse immer Momente geben, an die das Publikum mit seinen Emotionen und Vorstellungen anknüpfen kann.

Dies betreffe ebenso Themen der kindlichen Lebenswelt. »Das Leben ist nicht immer schön, auch wenn man es sich wünscht. Trotzdem ist es für das Kind, das schlimme Dinge erlebt, gut zu erfahren, dass es mit seinen Problemen nicht allein ist.«

Das Theater biete keine Lösungen, Dinge würden nicht erklärt. »Wir lassen Assoziationsfreiräume und die Freiheit, Dinge weiterzudenken. Wir spielen mit dem Publikum, die Zuschauer sind unsere Mitspieler im Kopf.« Wichtig sei die visuelle Ebene, damit auch Kinder, denen das unmittelbare Textverständnis fehle, angesprochen würden. Es gehe um das Zusammenwirken von Text, Bild, Sound und möglicherweise sogar Gerüchen. »So können junge Menschen auf verschiedenen Ebenen die Geschichte erfassen und erleben.«

Der Unterschied zum Erwachsenentheater liege in der Dechiffrierungskompetenz. »Deshalb haben wir manchmal einen anderen Zugriff auf Themen, beleuchten sie aus einer anderen Perspektive, nämlich der des Kindes.«

THEATER MARABU GBR
KREUZSTRASSE 16
53225 BONN
WWW.THEATER-MARABU.DE

20 Vom Ermittler zum Erfolgsautor

Wolfgang Kaes sucht Entspannung am Beueler Rheinufer

Er liebt den Rhein, und er liebt die Schiffe. Das Tuckern der Dieselmotoren beruhigt ihn. Am Flussufer findet er die Entspannung, die er benötigt, um seine Fantasie schweifen zu lassen, Handlungen zu spinnen und Charaktere für seine Romane zu entwickeln. Auf langen Spaziergängen schaut er dem Fluss hinterher, der für ihn die Verbindung zum Meer bedeutet. Jeden Urlaub verbringt er an einer Küste. Doch dauerhaft leben möchte er dort nicht, denn die Menschen im Rheinland würden ihm fehlen. Wolfgang Kaes beobachtet sie, wenn er in seiner Freizeit am Beueler Rheinufer entlangschlendert. Er merkt sich Gespräche, Szenen und Bilder, die er aufschnappt. »Ich sammle Bilder und Erlebnisse. Das geschieht nicht zielgerichtet, sondern ist Selbstzweck.« Er bezeichnet sich als visuellen Menschen. »Ich denke filmisch. Das Szenengefüge in meinen Romanen muss wie ein Filmschnitt funktionieren.«

Eigentlich hatte er davon geträumt, Filmregisseur zu werden. Stattdessen arbeitet Wolfgang Kaes als Chefreporter beim Bonner *General-Anzeiger*. Wenn seine Kollegen sich ins Wochenende verabschieden, treibt es ihn erneut an den Computer. Jeden Samstagmorgen sitzt er pünktlich um 7.30 Uhr im heimischen Arbeitszimmer. Auch in seiner Freizeit beschäftigt er sich mit Verbrechen. Diszipliniert führt er ein zweites Leben als Krimiautor.

Dass er zu einem Erfolgsautor wurde, dessen Kriminalromane zum Standardrepertoire jeder gut sortierten Buchhandlung der Region gehören, verdankt er einem Zufall. »Eigentlich war ich ein Spätberufener«, erzählt er. Als 2004 sein erster Roman *Todfreunde* erschien, war er bereits 46 Jahre alt.

Die Idee dazu kam ihm bei seiner alltäglichen Arbeit, als er sich mit dem Bluterskandal befasste. Anfang der 80er-Jahre hatten sich mehr als 1.500 Bluterpatienten durch Blutplasmaprodukte mit dem HI-Virus infiziert. Über 1.000 Menschen starben. Viele Jahre wurden Hinweise vertuscht und Opfer abgespeist. Erst spät erhielten sie karge Entschädigungen oder Unterstützung. Vor diesem Hintergrund siedelt

Wolfgang Kaes fotografiert gern kreative Gebilde am Rheinufer

Kaes einen Handlungsstrang um Kindesmissbrauch an; den Anlass gab ein Urteilsspruch vor dem Amtsgericht Siegburg gegen ein Troisdorfer Ehepaar, das gewerbsmäßig Kinderpornografie betrieb.

»So ist es immer«, erklärt Wolfgang Kaes. »Scheinbare Kleinigkeiten im Alltag führen zu einer Idee für eine große Geschichte.« Ein Satz im UN-Bericht über den weltweiten Sklavenhandel lieferte den Anlass zur Recherche für die Romane *Bitter Lemon* und *Das Gesetz der Gier*. Darin thematisiert Kaes die Ausbeutung von Menschen sowie die Arbeits- und Menschenrechtsverletzungen in der Modebranche.

Reale Begebenheiten aus Politik, Wirtschaft und Gesellschaft reichert er mit teilweise fiktiven Geschichten an. »Jeder gute Roman ist am Ende immer autobiografisch, denn ein Autor schöpft aus der Summe seiner Erfahrungen.«

Er legt Wert auf Brüche in Persönlichkeiten und Biografien. Seine Romanfiguren setzen sich meist aus mehreren real existierenden Personen zusammen. Selten schlägt ihm dennoch der Vorwurf entgegen, sie seien übertrieben oder unrealistisch gezeichnet. Umso mehr amüsiert es ihn dann, wenn Leser die glaubwürdige Zeichnung einer Figur loben, die völlig frei erfunden ist. Als problematisch empfindet er es, wenn ein Romanautor sich mit einer Figur »ein A schafft, welches auf völlig unglaubwürdige Weise großartig ist.«

Als Kaes das erste Manuskript vollendet hatte, schickte er es an verschiedene Verlage. Zunächst reagierte kaum jemand. Wenige Verlage lehnten ab, einer mit der Begründung, sein Roman sei gar kein Kriminalroman. Nach einem halben Jahr dann meldete sich der Lektor von Rowohlt, Bernd Jost. Zufällig hatte der beim Aufräumen Kaes' Manuskript in die Hände bekommen und mit Begeisterung gelesen. Er wurde der Entdecker und Mentor von Wolfgang Kaes. Nach Josts Renteneintritt wechselte Kaes zu Random House, wo ihm die Verwirklichung seines Traums vom Hardcover versprochen wurde. Hier vermisste er jedoch die gewohnte familiäre Betreuung durch seinen Lektor. Nachdem er seinen Zwei-Buch-Vertrag erfüllt hatte, kehrte er 2014 zu Rowohlt zurück und wurde mit offenen Armen empfangen.

Im November 2014 erschien hier *Spur 24*, in dem Kaes einen Vermisstenfall verarbeitete, zu dessen Aufklärung er 2012 beigetragen hatte. Die Suchanzeige der 16 Jahre lang vermissten Gertrud Ulmen, deren Fall in den Akten verstaubt war, landete zufällig auf seinem Schreibtisch im *General-Anzeiger*. Eigentlich war sie für die Anzeigenabteilung bestimmt. Eine solche Anzeige muss erscheinen, wenn eine verschwundene Person für tot erklärt werden soll. Genau dies wäre auch mit Gertrud Ulmen geschehen, hätte der neugierig gewordene Journalist nicht Kontakt zur Familie aufgenommen. Er berichtete so lange über den Fall und erzeugte auf diese Weise öffentlichen Druck, bis die Polizei die Spur wieder aufnahm. Seiner Beharrlichkeit war es zu verdanken, dass Ulmens Verschwinden aufgeklärt, der Ehemann als Täter überführt und zu elf Jahren Haft verurteilt wurde.

Für seine Berichterstattung erhielt Kaes 2012 den Leuchtturm-Preis, 2013 den Henri-Nannen-Preis für Investigativen Journalismus. Diesen Erfolg kann er immer noch nicht fassen. »Da stehe ich plötzlich neben einer Journalistin der *Süddeutschen* und einem achtköpfigen *Spiegel*-Team als Nominierten«, schüttelt er ungläubig den Kopf.

Immer dabei: Kugelschreiber und Notizblock

Eine Trennung zwischen Reporter und Buchautor existiert für Kaes jedoch nicht, denn seine Motivation ist dieselbe. »Das Böse bricht sich stets in Ausnahmesituationen Bahn. Die Frage lässt mich nie los, woher es kommt«, sagt er. Er spürt also den Ausnahmesituationen nach, um ihnen auf den Grund zu gehen. »Ich will, dass die Menschen nach dem Lesen das Gefühl haben, einen kleinen Ausschnitt der Welt besser verstanden zu haben.«

Den Grund für seine Faszination sieht er in seiner eigenen Familiengeschichte. Sein Großvater väterlicherseits, der mit Frau und zwei Kindern im eifeldörflichen Umfeld Bonns lebte, wurde ermordet. Der Mord geschah kurz nach dem Beginn des Nationalsozialismus. Im Deutschen Reich herrschte mit dem »Herrenmenschendenken« eine gesellschaftliche Atmosphäre, in der Kaes' Großmutter, nun alleinstehende Mutter mit zwei Kindern, als Opfer stigmatisiert wurde. Der Mord wurde nie aufgeklärt. Doch er hinterließ eine tiefe Wunde im Gedächtnis der Familie und prägte die Söhne.

Bereits sein Onkel schlug die Polizeilaufbahn ein, die auch Wolfgang Kaes reizvoll fand. Er war der Erste in der Familie, der Abitur machte und schließlich Politikwissenschaften studierte. Dann entschied er sich für die Laufbahn eines Journalisten.

Nach den vorherigen sechs Romanen stellte *Spur 24* eine besondere Herausforderung dar. Kaes war in den Fall Ulmen persönlich stark involviert und hatte eine große Nähe zur Familie des Opfers aufgebaut. Während seiner Besuche bei der Mutter hatte er erlebt, dass die dörflichen Strukturen in dem erzkatholischen Umfeld denen seiner eigenen Kindheit ähnelten. Die zum Schreiben notwendige Distanz schuf er, indem er eine weibliche Journalistin als Ermittlerin auf einen ähnlichen Fall ansetzte.

Als diese nach jahrelanger Arbeit in der Großstadt in das Eifeldorf ihrer Kindheit und Jugend zurückkehrt, trifft sie auf frühere Bekannte und Freunde, die inzwischen in die kleinstädtischen Netze der Politik, Macht und Korruption verwoben sind. Als sie beginnt, dem Verschwinden einer Dorfbewohnerin nachzugehen, stört sie deren Interessen, sodass sie ihr nun gefährlich werden. Mit diesem zweiten Erzählstrang hält Wolfgang Kaes die Spannung aufrecht, als das Verschwinden des Opfers aufgeklärt und der Täter überführt und geständig ist.

Infolge seiner Berichterstattung, die dem Roman vorausging und die Initialzündung für die Buchrecherche war, erhielt er unzählige Anrufe und E-Mails verzweifelter Angehöriger von Vermissten. In Deutschland werden täglich zwischen 250 und 300 Personen vermisst gemeldet; zahlreiche Menschen bleiben bis zu einem Jahr und länger verschwunden.

Wenn Kaes angesichts vieler Hinweise und Hilferufe eine Auszeit benötigt, begibt er sich auf einen Spaziergang am Beueler Rheinufer und sortiert dort, wo noch spätnachmittags die Sonne scheint, seine Gedanken. Nicht allen Fährten, die seine Leser ihm ans Herz legen, kann er nachgehen, und erst recht nicht alle seiner Informationen werden zu Romanen verarbeitet. Insofern kann Wolfgang Kaes mit Fug und Recht als Reporter und Buchautor bezeichnet werden, der nicht nur spannend und fesselnd schreibt, sondern der – und dies unterscheidet ihn von vielen in seiner Zunft – mehr zu sagen hätte, als er tatsächlich preisgibt.

BEUELER RHEINUFER
ECKE RHEINAUSTRASSE/BRÖLTALBAHNWEG
53225 BONN
WWW.WOLFGANG-KAES.DE

Bonn

21 »Ich kenne deine Stimme!«

Susanne Schimanowski-Wagner bei Radio Bonn/Rhein-Sieg

»Ich kenne deine Stimme aus dem Radio«, sagte zu ihrer Überraschung der Verkäufer an einer Dönerbude. Normalerweise stutzen die Leute nur, wenn im Wartezimmer ihr Name ausgerufen wird oder wenn sie im Supermarkt mit der EC-Karte bezahlt. Dass jemand ihre Stimme erkannte, blieb einzigartig. Obwohl Susanne Schimanowski-Wagner viele Menschen auf dem Weg zur Arbeit, im Stau, während der Arbeit und auf dem Weg nach Hause auditiv begleitet. An vielen Tagen führt sie bei Radio Bonn/Rhein-Sieg durch den Tag.

Am 11. Mai 1991 ging dieser Sender als einer von 44 Lokalsendern in Nordrhein-Westfalen erstmals in Bonn und dem Rhein-Sieg-Kreis auf Sendung. Seither sind die Hörerzahlen auf 30,2 Prozent im Januar 2016 gestiegen, womit er der meistgehörte Sender in Bonn und den Gemeinden des Rhein-Sieg-Kreises ist. Sein Erfolg basiert organisatorisch auf zwei Säulen: den wirtschaftlichen Vorschriften einer Betriebsgesellschaft und den programmlichen Vorgaben einer Veranstaltergemeinschaft. Letztere besteht aus einem nicht kommerziellen Verein, der die Entscheidungen über das Programm im Sinne des Allgemeinwohls verantwortet und zudem als Arbeitgeber der Redakteure fungiert. In der 21-köpfigen Mitgliederversammlung sind alle gesellschaftlich relevanten Gruppen der Stadt vertreten: Kirchen, Parteien, Wohlfahrts-, Arbeitgeberverbände usw.

Susanne Schimanowski-Wagner stieg kurz nach dem Studium der Romanistik und Germanistik bei der Redaktion des Senders ein. Während eines Praktikums 1992 wagte sie den Sprung ins kalte Wasser und sprach beinahe unvorbereitet die Nachrichten – live. Zwar hörte sie selbst das Zittern in ihrer Stimme, bei den Hörern und dem Sender kam sie jedoch so gut an, dass man sie nach Ablauf des Praktikums im Januar 1993 als freie Mitarbeiterin behielt. Die Aufregung am Mikrofon ließ mit den Jahren nach. Dennoch findet sie es noch heute seltsam, die eigene Stimme zu hören, wenn Sendungen aufgezeichnet werden.

Im ersten Jahr ihrer Beschäftigung wirkte das Jahrhunderthochwasser prägend auf sie, denn Weihnachten 1993 befanden sich

Die Hand am Regler

die Räumlichkeiten der Redaktion noch im Brückenforum neben der Kennedybrücke. »Als der Rhein über die Ufer trat, stand er bei uns vor der Haustür.« Radio Bonn/Rhein-Sieg diente in diesem Moment als Informationsstelle. »Wir sendeten rund um die Uhr, um die Menschen über die aktuelle Lage auf dem Laufenden zu halten.« Zusammen mit Mitarbeitern des Deutschen Roten Kreuzes besuchte Schimanowski-Wagner vom Hochwasser Betroffene und berichtete über deren Schäden und Verluste und über die Geschichten, die sie erlebt hatten. Sie rief die Hörer zur Hilfe auf und sammelte Spenden. »Ich habe gespürt, wie nah ich an den Menschen dran bin, wie ich ihnen helfen und was allgemein Lokalradio für Menschen bedeuten kann.«

Ungeachtet der Feiertage engagierten sich die Mitarbeiter der Redaktion Tag und Nacht, sodass Feldbetten aufgebaut wurden. Susanne lächelt: »Ich glaube nicht, dass sie jemand genutzt hat. Ich zumindest habe nie in der Redaktion geschlafen.« Es habe viel zu viel zu tun gegeben. Für ihren Einsatz verlieh das Deutsche Rote Kreuz ihr sogar eine Auszeichnung.

Doch auch ohne diese Auszeichnung hätte sie wahrscheinlich nicht gezögert, im Mai 1995 das Angebot einer festen Stelle anzunehmen, schließlich war Journalismus immer schon ihr Ziel. Seither erlebt sie die Veränderungen des Senders, gestaltet ihn mit – und genießt es, diese Möglichkeit zu haben.

1995 war die Welt der Radiomacher nämlich noch eine andere: Nicht nur war Bonn Hauptstadt und fand eine stärkere mediale Beachtung, vor allem aber gab es kein Internet. Relevante Verkehrsnachrichten, ein für den Lokalsender wichtiger Service, wurden durch das Abhören des Nachbarn mit dem größeren Sendebereich zusammengestellt. Die Recherchen erfolgten überwiegend telefonisch, viele Informationen erhielt man durch persönliche Kontakte. »Mal eben googeln gab es damals nicht.«

»Bonn war immer schon klein und beschaulich und klappte die Bürgersteige früh hoch«, erzählt sie. »Doch waren vor 20 Jahren die lokalen Themen deutlicher bundespolitisch geprägt. Außerdem war Bonn internationaler.«

Als Schülerin besuchte sie das Cusanus-Gymnasium, das einen Ausländeranteil von 70 Prozent besaß. Zu Hauptstadtzeiten handelte es sich um Kinder von Botschaftern. Mit deren Wegzug sei die verankerte Form der Internationalität in der Stadt weggebrochen. »Das konnte durch die Vereinten Nationen nicht aufgefangen werden. Deren Mitarbeiter sind selten für einen langen Zeitraum in Bonn und meist ohne ihre Familien.« Insofern habe die Stadt sich sehr verändert.

Mit der Regierung zog auch Yannick nach Berlin, ein kleiner Junge, der mit seiner Mutter gerne Radio Bonn/Rhein-Sieg gehört hatte. Dies teilte er Susanne Schimanowski-Wagner in einem Brief mit: »Hier ist es toll, aber in Bonn war es schöner. Die Radiosender spielen hier nicht so gute Musik wie in Bonn.« Insbesondere von Susanne hatte er eine klare Vorstellung. Er malte ein Bild, wie er sie sich vorstellte: groß und dunkelhaarig. »Siehst du in Wirklichkeit so ähnlich aus?«, fragte er.

Tatsächlich ist Susanne gar nicht sehr groß. Ihre Redaktionskollegen überragen sie um mindestens einen halben Kopf. Als der Sender 2011 von Beuel nach Dransdorf zog und ein neues Studio entstand,

Ein Gemälde des treuen Hörers Yannick

orientierte man sich bei der Einrichtung am Gardemaß der Männer. Für Susanne Schimanowski-Wagner bedeutete dies, ihr Gegenüber beim Interview unter Umständen nicht mehr zu sehen, geschweige denn ihm in die Augen blicken zu können. Stattdessen stehen ihr Monitore und technische Geräte vor Augen. Zum Glück hat sie jedoch privat einen Schreiner im Haus: Ihr Ehemann baute ihr ein auf ihre Körpergröße von 1,62 Meter zurechtgezimmertes zusammenklappbares Podest. Das schiebt sie nun für ihre eigene Sendung vor das Mikrofon und kann so den Studiogästen in die Augen schauen.

Susanne Schimanowski-Wagner liebt ihren Job. Ein Highlight ihres Radioalltags war der bis 1998 in Bonn stattfindende Bundespresseball, von dem Radio Bonn/Rhein-Sieg einige Stunden senden durfte. »Bis Mitternacht stand ich am Mikro und sprach mit allen, die Rang und Namen hatten. Schröder, Genscher, Kinkel – alle hatte ich am Mikrofon.«

Gleichwohl liebt sie es nicht weniger, ohne die ganz große Politprominenz auf Sendung zu sein. Sie mag ebenso die kleinen Geschichten vor Ort, ist gespannt auf die Menschen, die sie kennenlernt, und ist interessiert an den Beweggründen für deren Handeln. Nur weil die Stadt weniger Beachtung findet und dadurch vielleicht ein bisschen ruhiger geworden ist, hat das die Arbeit nicht langweilig gemacht. »Einmal habe ich bei einer Anmoderation sogar meinen Nachnamen vergessen.«

Manchmal ist der Stress allerdings alles andere als amüsant. Ereignisse wie der 11. September 2001 und der Absturz der Germanwings-Maschine 2015 nehmen sie mit. »Am 11. September 2001 habe ich die ganze Nacht nicht geschlafen, weil ich darüber nachdachte, wie ich ein derart unbegreifliches Ereignis am nächsten Morgen moderieren könnte.« Vom Absturz der Germanwings-Maschine erfuhr sie in der Redaktion, bevor sie auf Sendung ging. »In solchen Momenten muss man sich sehr konzentrieren, um professionell zu bleiben.« Dabei helfen Songs, die ihr Pausen gewähren. Die Musikauswahl ist streng geregelt und orientiert sich an den Vorlieben der Hörer, die in standardisierten Telefonumfragen regelmäßig landesweit ermittelt werden. »Unser Musikprogramm hat mit dem Geschmack der Redakteure unter Umständen gar nichts zu tun.« Es gibt NRW-weite Playlisten, die Auswahl und Reihenfolge der Songs für normale Tage und Ausnahmesituationen bei Katastrophenmeldungen festlegen.

Nachrichten oder einzelne Programmpunkte von überregionalem Interesse stehen ebenso landesweit zur Verfügung. Korrespondenten schicken Beiträge oder Gespräche aus der Hauptstadt oder dem Ausland – ein Nachrichtenpool, aus dem sich die Redakteure zur überregionalen Berichterstattung bedienen können. Die Sendezeit teilen sich das landesweite Mantelprogramm und der Lokalfunk, der überwiegend morgens und nachmittags sendet. Die Hörerzahlen haben gezeigt, dass beim landesweiten Vormittagsprogramm häufiger das Radio abgeschaltet wird. Hierauf hat der Sender reagiert.

Im Jahre des 25. Geburtstags ist seine Beliebtheit so groß, dass die Sendezeit um zwei Stunden pro Tag von 10 bis 12 Uhr erweitert wird. Dies ist nicht zuletzt Susanne Schimanowski-Wagner zu verdanken, die sich freut, diesen Erfolg im Geburtstagsjahr zu den verschiedensten Anlässen zu feiern.

RADIO BONN/RHEIN-SIEG
JUSTUS-VON-LIEBIG-STRASSE 15
53121 BONN
WWW.RADIOBONN.DE

Helfen, wo die Not am größten ist

Nicola Boers unterstützt Menschen in der Oppelner Straße

Wenn sie erschöpft ist, zieht sie sich in ihre Kapelle zurück. Das ist ein kleiner, geschützter Raum mit sanfter Beleuchtung. Neben einigen Kissen liegen Bibeln auf dem Boden. An der Wand hängt ein großes Kreuz.

Die Kapelle befindet sich in einer bescheidenen Fünf-Zimmer-Wohnung auf der zweiten Etage eines Wohnblocks mitten in Tannenbusch. Als Schwester Nicola Boers sich im Jahre 2010 entschloss, in den Bonner Stadtteil zu ziehen, dessen Ruf viele Bonner davon abhält, sich dorthin zu wagen, war sie bereits 66 Jahre alt. Nachdem sie Armen und Kranken in aller Welt geholfen hatte, suchte sie eine Aufgabe für ihren Lebensabend.

Wie ihr aus dem 19. Jahrhundert stammendes Vorbild, die Ordensgründerin der *Armen Dienstmägde Jesu Christi* Katharina von Dernbach, hält Schwester Nicola es heute für wichtig, den Menschen, denen sie helfen will, auf Augenhöhe zu begegnen – dort, wo sie leben.

»Es gibt so große Not mitten in Deutschland«, sagt sie. Gemeinsam mit Schwester Pia vom Orden der *Schwester vom armen Kinde Jesus (PIJ)* ging sie am sozialen Brennpunkt auf Wohnungssuche. Der Ortspfarrer in Tannenbusch unterstützte sie. Als er Schwester Nicola eines Tages mitteilte, dass ein Häuschen der Caritas am Ortsrand frei werde, lehnte sie ab. »Wenn wir etwas für die Menschen tun wollen, müssen wir mitten unter ihnen leben.« Nur dann würden die Menschen ihnen vertrauen und sich öffnen. Folglich konzentrierte sich ihre Suche auf die Hochhäuser im Zentrum Tannenbuschs, die sich nicht selten in einem schlechten Zustand befinden.

Die Wohnung, die den Schwestern im Oktober 2010 angeboten wurde, war kurz zuvor zwangsgeräumt worden. Spuren von Vandalismus und Schmutz machten eine grundlegende Sanierung notwendig. Diese finanzierte der Orden – eine Hilfe, die den übrigen Mietern nicht zuteilwird. Insbesondere jene Mieter, die kein Deutsch sprechen, »die zunehmende Zahl der Flüchtlinge und Asylsuchenden wissen sich oft nicht zu helfen«, erklärt Schwester Nicola. Asbestschäden, Schimmel, kaputte Heizungen, kein Warmwasser, verschiedene größere und kleinere Mängel seien alltäglich. Schwester Nicola übersetzt Briefe von Ämtern und Wohnbaugesellschaften, formuliert Anschreiben oder schaltet, wenn nötig, den Mieterbund ein, um Mietern zu ihrem Recht zu verhelfen.

Hier findet Schwester Nicola Ruhe und Andacht

Sie und ihre Mitschwestern – 2013 kam als dritte Schwester Paulo Maria PIJ hinzu – stehen den Menschen in den verschiedensten Situationen des Alltags bei. Sie unterstützen Kinder bei den Hausaufgaben, geben Nachhilfe, beraten Mütter bei der Schulauswahl und -anmeldung der Kinder, bei der Suche nach Sprachkursen. Sie übersetzen Elternbriefe und anderen Schriftverkehr. Sie besuchen die Menschen, sammeln Sachspenden und verteilen sie. »Man muss den Bedarf prüfen«, erklärt Schwester Nicola, »und kann nicht einfach nur geben.« Doch der Bedarf steigt, insbesondere der an Wohnungen selbst. Denn viele Flüchtlinge werden ausgerechnet in Tannenbusch angesiedelt.

So sind die Schwestern nicht selten mit Problemen konfrontiert, denen sie nichts entgegenzusetzen haben. Der Drogenkonsum nimmt zu, die Suchtproblematik wächst, die Kriminalität steigt. Auch Salafismus wird vermehrt zum Problem.

»Die Situation ist häufig nicht zu ändern«, meint Schwester Nicola, »viele Kinder werden schon in schwierige Situationen hineingeboren.« Da gebe es keinen Ausweg. »Wenn diese Kinder es schaffen, durch die Schule zu kommen und gar einen guten Abschluss zu machen, haben sie es oftmals schwer, einen Ausbildungsplatz zu bekommen, wenn ein Ausbilder liest, dass sie aus Tannenbusch stammen.«

Niemand wolle hier wohnen. Doch selten vermiete jemand in einem anderen Wohngebiet eine Wohnung an eine Familie, die aus Tannenbusch kommt.

»Oft gibt es keinen Ausweg. Diese Situation bietet leider ein Nest für Gewalt und Vandalismus.« Um dem entgegenzuwirken, spricht Nicola gerne mit den Menschen über den Glauben – nicht über eine spezielle Religion. »Machen wir doch Gott nicht so klein!«, sagt sie. »Gott ist größer und weiter als unsere kurze Sicht!«

Insbesondere den Kindern, denen zu Hause kein Halt gegeben wird, möchte sie Stärke vermitteln. »Kinder brauchen Richtlinien und Liebe. Sie sind so empfänglich für Gutes.«

Hunderte Kinder leben in den Hochhäusern von Tannenbusch, wo sich die Wohngemeinschaft der Schwestern inmitten von Menschen aus 121 verschiedenen Nationen befindet, denen die gemeinsame Sprache meist fehlt. »Wie soll da Integration passieren?«, fragt Schwester Nicola. »Was wir tun können, ist wie ein Tropfen auf dem heißen Stein. Wir können die Situation nicht ändern, wir können nur einzelnen Menschen einen kleinen Lichtblick bringen.«

Jeden Morgen um sechs Uhr beginnt sie damit, Tag für Tag. Die Menschen nehmen ihr Angebot an. Doch das erschöpft auch, ermüdet sie. »Manchmal merke ich mein Alter«, gesteht Schwester Nicola lächelnd.

Dann sucht sie ihre Kapelle auf. Hier findet sie Ruhe und innere Kraft. So wird sie noch viele Jahre den Menschen Unterstützung und Freude bringen.

OPPELNER STRASSE 53
53119 BONN

23 »Sie sollen offene, selbstbewusste Juden sein!«

Beni Pollak ist in der Synagogengemeinde Mädchen für alles

Am Vorabend des Pessachfestes werden die Tische im Gemeindesaal der jüdischen Synagogengemeinde festlich gedeckt. Ungeduldig warten Jung und Alt darauf, dass die Geschichte von Moses und dem Weg der Israeliten aus der ägyptischen Sklaverei vorgelesen wird, damit das eigentliche Mahl zur Feier der Flucht der Juden aus Ägypten beginnen kann.

Doch zuvor gibt es zahlreiche Fragen zu klären: »Beni, wo soll der Rabbiner sitzen?«, »Beni, wo sind die russischen Haggadot?«, »Beni, welchen Wein trinken wir heute Abend?« Haggadot sind die Erzählungen vom Auszug aus Ägypten. Während der acht Tage, an denen dieses Auszugs gedacht wird, gelten im jüdischen Leben spezielle Speiseregeln.

Egal, ob bei der Vorbereitung des Festes gesucht, erklärt, dekoriert, unterrichtet oder später vorgelesen, gesungen und gebetet wird, zuständig ist: Benjamin Pollak.

Der Religionslehrer und Jugendleiter kann mit Fug und Recht als Seele der Bonner Synagogengemeinde bezeichnet werden. Obwohl er nicht einmal in Bonn lebt, fungiert er seit mehr als 20 Jahren als »Mädchen für Alles«, wann immer er Zeit hat.

Denn Pollak lebt in Frankfurt und arbeitet dort als wandernder Religionslehrer des Landesverbandes der Jüdischen Gemeinden in Hessen für die kleineren jüdischen Gemeinden. Beispielsweise in Bad Nauheim, Darmstadt, Fulda, Kassel, Gießen oder Marburg. Hier unterrichtet er Kinder und Jugendliche und betreut Abiturienten an Regelschulen.

Nach Bonn ziehen ihn persönliche Freundschaften und das Anliegen, Wissen und Bildung zu vermitteln. Beni Pollak stammt von großen jüdischen Gelehrtenfamilien Europas ab, sein Großvater mütterlicherseits war Oberrabbiner von Budapest, die Großmutter väterlicherseits gehörte der berühmten Verlegerfamilie Schlesinger in Wien an. Die meisten Mitglieder beider Familien wurden während des Nationalsozialismus in europäischen Konzentrationslagern ermordet. Sein Vater überlebte die Lager Mauthausen bei Linz und Dachau bei Mün-

Beni Pollak schmückt die Gemeinde für eine Purimfeier

chen, seine Mutter überlebte Bergen-Belsen bei Celle. Die Eltern lernten sich nach ihrer Auswanderung in Palästina kennen.

25 Jahre nach der Gründung des Staates Israels, der ihnen eine Heimat gegeben und Sicherheit versprochen hatte, wurde ihr älterer Sohn 1973 im Jom-Kippur-Krieg erschossen. Nur drei Jahre später bestand auch ihr jüngerer Sohn Beni darauf, in der israelischen Armee zu dienen. Er hatte zuvor eine Jeschiwa, eine jüdische Religionsschule, in Jerusalem besucht und war nach israelischem Recht vom Militärdienst befreit, da die Familie bereits ein Kind im Krieg verloren hatte. Doch der überzeugte Zionist wollte seinem Land dienen. Wie alle israelischen Jugendlichen, die den Militärdienst abgeleistet haben, verbrachte auch Beni ein Jahr auf Reisen. Nach einem ausgedehnten Südamerikaaufenthalt studierte er Theologie und Jura an der Hebräischen Universität in Jerusalem. Danach änderte ein einziges Telefonat sein Leben.

Ein Leiter von *Bnei Akivah*, der weltweit größten zionistischen Jugendbewegung, bei der Beni sich schon seit vielen Jahren als Jugendleiter ehrenamtlich engagiert hatte, rief an und fragte, ob er für *Bnei Akivah* in Wien Jugendliche unterrichten wolle. Da er ohnehin neugierig war auf die Heimat seiner Eltern und Großeltern und zudem ein besonderes Interesse an der Geschichte der großmütterlichen Schlesinger-Familie besaß, sagte Pollak zu. Seine Eltern unterstützten seine Entscheidung.

»Sie wissen, dass ich nicht normal bin. Ich muss immer unterwegs sein. Routine ist mein größter Feind«, erklärt er lachend. Er bleibt in Bewegung, wofür die Eltern immer Verständnis aufgebracht haben. Doch sie haben ihn in Österreich und Deutschland nicht besucht. Nie wieder haben sie das Gebiet des einstigen Deutschen Reiches betreten.

Pollak blieb nicht lange »nur« Religionslehrer in jüdischen Gemeinden, sondern wurde bald zum Leiter der Jugendabteilung von *Bnei Akivah* in Österreich, darüber hinaus unterrichtete er an Schulen und organisierte jüdische Veranstaltungen. Einige Jahre später holte ihn ein weiterer Anruf nach München, bis er schließlich nach Frankfurt ging. Auch dort unterrichtet er Kinder in Gemeinden und an Schulen und leitet Jugendgruppen, Ferienlager und sämtliche Formen von Freizeitaktivitäten. Mitte der 90er-Jahre klingelte erneut das Telefon. Das darin besprochene Anliegen brachte eine Neuerung, die als vorübergehend geplant war. Am Apparat war Dr. Margaret Traub, die Vorsitzende der Bonner Gemeinde. Sie bat den Freund in Frankfurt um Hilfe. Kurz vor den Feiertagen stand die Bonner Gemeinde unerwartet vor einem personellen Engpass: Es gab weder einen Vorbeter noch einen Rabbiner.

Die jüdische Gemeinde in Bonn ist sehr klein. 1933 lebten auf dem heutigen Stadtgebiet etwa 1.200 Jüdinnen und Juden. Es gab vier Betsäle und Synagogen, die 1938 alle zerstört wurden. 1947 wurde eine neue Synagoge errichtet, die den wenigen Alteingesessenen als Gotteshaus diente. Vor allem in den Hauptstadtjahren war sie dann auch Anlaufpunkt für die Angehörigen der israelischen Botschaft. Nach dem Umzug der Botschaft füllten Einwanderer aus der UdSSR die entstandenen Leerstellen. Heute kommen auch Mitglieder der Vereinten Nationen in die Synagoge. Zur Gemeinde gehören inzwischen beinahe wieder so viele Mitglieder wie 1933.

Beni Pollak machte sich also auf den Weg, um dieser kleinen und gemütlichen Gemeinde zu helfen. Was als eine kurzfristige Lösung für die hohen Feiertage geplant war, dauert bis heute an.

An den Feiertagen verbringt er seine Freizeit regelmäßig in Bonn. Vor allem um den Nachwuchs in der Gemeinde kümmert er sich mit Herzblut. Er bringt den Kindern die hebräische Schrift und Sprache bei, liest ihnen aus der Bibel vor, erläutert ihnen die Bedeutung der Texte für den Alltag der Gegenwart und diskutiert deren Auslegung.

Eine Plakette erinnert an die Ermordung der europäischen Jüdinnen und Juden

Er bringt ihnen die Feiertage nahe und die jüdischen Rituale des Alltags. Er malt, bastelt, singt und spielt. Bei den Kindern ist er ebenso beliebt wie bei den Erwachsenen. Auch denen erklärt er nicht nur die Religion. Selbst scheinbar alltägliche Probleme, Fragen und Sorgen werden diskutiert – wie die Frage, ob man dem Ratschlag des Zentralrats der Juden in Deutschland nachkommen solle, sich in einigen Gegenden Deutschlands als Jude nicht mehr öffentlich zu erkennen zu geben.

Zwar gibt es mehr als 75 Jahren nach der Zerstörung des jüdischen Lebens in Bonn inzwischen wieder einen Rabbiner. Doch kann die Gemeinde auf ihren Beni nicht verzichten. Ob als Lehrer und Gelehrter, Ratgeber, Freund oder auch Dekorateur – wenn es darauf ankommt, wird er zu Rat und Tat hinzugezogen.

Es ist sein Ziel, die Kinder zu »offenen und selbstbewussten jüdischen Kindern zu erziehen, die zu ihrem Judentum stehen.« Er will bewusst machen, dass eine moderne Orthodoxie wie in Bonn eine lebendige und weltoffene Religion ist, die Lebensfreude und Spaß nicht ausschließt. Wichtig sei immer die Kommunikation. »Das Judentum darf die Kinder nicht in ein Dilemma zu ihrer Umwelt führen. Auch mit Kippa kann man prima Fußball spielen.« Diese religiöse Kopfbedeckung halte doch besser an ihrem Platz, als man meint.

Den wachsenden Antisemitismus betrachtet Pollak mit Sorge. Doch dürfe die Tatsache, dass er häufig durch Ressentiments von Menschen aus dem arabischen Raum befeuert würde, keinesfalls dazu führen, dass man sich gegen Flüchtlinge wende. »Wir sind in einer besonderen Situation: Menschen, darunter viele Kinder aus Kriegs- und Krisengebieten, kommen zu uns. Das kann man nicht ignorieren. Es ist ein biblisches Gebot, Menschen in Not zu helfen. Wenn in Deutschland beschlossen wird, dass diese Menschen hier eine Heimat finden, dann unterstützen die deutschen Juden diese Entscheidung. Besonders wir Juden wollen den Menschen helfen.« Die Gemeinde habe bereits Spenden gesammelt, etliche in Bonn eingetroffene Menschen betreut und Begegnungen organisiert. »Wir müssen uns geschlossen gegen den Antisemitismus stellen. Wir müssen die Gemeinsamkeiten der Religionen hervorheben, indem wir Begegnungen fördern. Denn wir haben als monotheistische Religionen die gleichen Wurzeln und sind miteinander verbunden. Das müssen wir uns im Sinne einer gemeinsamen Zukunft verdeutlichen und den Rassismus und Antisemitismus gemeinsam bekämpfen.«

Mit Christen arbeitet er in diesem Sinne bereits seit Jahren zusammen, insbesondere mit der Gesellschaft für Christlich-Jüdische Zusammenarbeit, deren Bonner Mitglieder er regelmäßig im Gemeindesaal trifft und denen er sogar als Reiseleiter in seinen Ferien die Besonderheiten Israels vor Ort nahebringt. Nun hat Beni Pollak sich vorgenommen, auch Ideen und Wege zu finden, um gemeinsam mit muslimischen Flüchtlingen den Antisemitismus zu bekämpfen.

SYNAGOGENGEMEINDE BONN
TEMPELSTRASSE 2-4
53113 BONN

24 Faszination wecken auf allen Ebenen

Sabine Heine vermittelt Forschung und Bildung im Museum Koenig

Auf der *Museumsmeile* nimmt das *Zoologische Forschungsmuseum Alexander Koenig – Leibniz-Institut für Biodiversität der Tiere* als eines von drei Forschungsmuseen der Bundesrepublik eine besondere Position ein. Bereits 1912 wurde von dem Zoologen Alexander Koenig der Grundstein gelegt. Mit dem Vermögen seines Vaters, der 1868 die heutige Villa Hammerschmidt gekauft hatte, legte Koenig die stetig wachsende Sammlung an. Die Mitarbeiter des Museums betreiben aktuell Forschungen zur Biodiversität, deren Ergebnisse die Ausstellung präsentiert. Jüngst entdeckten sie eine neue Mückenart aus Neuseeland, deren Vorkommen in Bonn nun genauer untersucht wird.

Koenigs Vision, als Forschungsmuseum Strahlkraft zu entfalten, teilt Sabine Heine. Nachdem sie in Münster Zoologie studiert und in Forschungsgruppen gearbeitet hatte, entdeckte sie, »was mich wirklich reizt: spezifische wissenschaftliche Inhalte auf verschiedenen Kommunikationsniveaus vermitteln, um Faszination auf allen Ebenen zu wecken.« Als Mitarbeiterin für Presse- und Öffentlichkeitsarbeit geht sie dieser Leidenschaft nach. Ein besonderes Ereignis ist für sie das *Museumsmeilenfest*. Seit 1995 wird das viertägige Event von dem *Museum Koenig*, dem *Haus der Geschichte*, dem *Deutschen Museum*, dem *Kunstmuseum* und der *Kunst- und Ausstellungshalle* gemeinsam veranstaltet. In diesen Jahren wuchs die Museumsmeile zu einer Einheit. Führungen, Präsentationen, Bastelstationen, Essen, Musik und selbst ein Mitmachzirkus locken an diesem Wochenende Besucher und lenken den Blick auf Kunst, Geschichte und Wissenschaft. So wird die Vision Königs heute mehr denn je real.

KUNST- UND AUSSTELLUNGSHALLE DER
BUNDESREPUBLIK DEUTSCHLAND GMBH
MUSEUMSMEILE BONN
FRIEDRICH-EBERT-ALLEE 4
53113 BONN
WWW.BUNDESKUNSTHALLE.DE
WWW.MUSEUMSMEILEBONN.DE

UN Bonn
SHAPING A SUSTAINABLE FUTU

25 Zur täglichen Arbeit ins Ausland

Dr. Alice Fišer bekämpft globale Probleme vom UN-Campus aus

Dr. Alice Fišer arbeitet mitten in Bonn, doch formal betrachtet ist sie im Ausland beschäftigt. Denn ihr Schreibtisch steht im *Langen Eugen*, wie die Bonner das ehemalige Abgeordnetenhochhaus aufgrund der geringen Körpergröße seines Initiators ironisch nennen. Heute befinden sich hier 18 Organisationen der Vereinten Nationen. Nicht nur weil sie als exterritoriales Gebiet gelten, betrachtet Fišer, die Leiterin der Gemeinsamen Informationsstelle der Vereinten Nationen, diesen Ort als nicht alltäglichen Arbeitsplatz. Ihre etwa 1.000 Kollegen stammen aus mehr als 150 Staaten. »Das ist die Welt im Kleinen, und man lernt selbige mit anderen Augen zu sehen. Respekt, Toleranz, Kompromissbereitschaft sind bei uns keine Plattitüden.«

Fišer ist ihre Arbeit sehr wichtig, denn die Ziele der Vereinten Nationen sind auch ihre Ziele. »Wenn wir alle so weiterleben, wie wir es aktuell hier bei uns tun, dann brauchen wir drei Planeten.« Sie erläutert: »70 Prozent der weltweiten Süßwasserentnahme fließen in die Landwirtschaft. Gleichzeitig gehen zwölf Millionen Hektar an ackerbarem Land in halbdürren Gebieten verloren; die Wüsten wachsen. Durch die Bevölkerungszunahme steigt der Bedarf an Lebensmitteln bis 2030 um 50 Prozent, an Wasser um 30 Prozent und an Energie um 45 Prozent.« In der überstaatlichen Zusammenarbeit sieht sie eine Chance, diese Entwicklung zu bremsen. Auf globale Probleme wie den Klimawandel könne es nur globale Antworten geben. Bonn sei die »Drehscheibe für Nachhaltigkeit, indem hier UN-Institutionen mit Ministerien, Forschungsinstitutionen und NGOs in einer auf der Welt einzigartigen Dichte zusammenarbeiten.«

INFORMATIONSSTELLE
DER VEREINTEN NATIONEN UN-CAMPUS
PLATZ DER VEREINTEN NATIONEN 1
53113 BONN
WWW.UNBONN.ORG/DE

26 Auszeit unterm Hirschgeweih

Michael Schlößer kreierte den Indoor-Campingplatz »BaseCamp«

Am Anfang war die Halle: 2011 öffneten sich vor Michael Schlößer erstmals die Tore der 1.200 Quadratmeter großen Industriehalle – und damit die Option, etwas vollkommen Neues zu schaffen. Doch wie könnte das aussehen? Der Gedanke an das Hotelgewerbe lag natürlich nahe für Schlößer, der in einen erfolgreichen Hotelbetrieb hineingeboren worden war.

Seine Eltern hatten einst die Gunst der Stunde genutzt: Als Bonn zur provisorischen Hauptstadt erklärt wurde, hatten sie ihren Bauernhof in Lengsdorf in ein Hotel mit 16 Zimmern und einem Restaurant umgewandelt, dem ein Stern verliehen wurde. Hier wuchs Michael Schlößer zwischen den Gästen auf. Bereits als Jugendlicher packte er mit an und arbeitete im elterlichen Betrieb mit. Trotzdem sollte er »etwas Ordentliches« lernen: Bürokaufmann und Betriebswirt.

Obwohl er erfuhr, dass Gastronomie harte Arbeit und wenig freie Zeit bedeutet, »erlebte ich sie als entspannten Arbeitsplatz, liberal und weltoffen.« Die Arbeit gab ihm Gelegenheit, Kontakte zu internationalen Besuchern zu knüpfen, die die Bundeshauptstadt aus politischen oder geschäftlichen Gründen besuchten. Nachdem seine Eltern – als persönliche Antwort auf den Bonn-Berlin-Beschluss – ihr Hotel verkauft hatten, eröffnete er sein eigenes.

Später wandelte er den Büro- und Verwaltungstrakt einer bekannten Kosmetikfirma in das Hotel *Bonnox* um. Wenige hundert Meter entfernt besaß dieselbe Kosmetikfirma eine Lagerhalle, die sich nun als neue Option auftat. »Mein erster Impuls, als ich sie von innen sah, war: ›Nein! Damit kann man gar nichts machen!‹«, erzählt Schlößer. »Die Halle war voller Stahl und wirkte nur kalt.« Es schien ihm schier unmöglich, hier einen gemütlichen Ort zu schaffen, an dem sich die Menschen gerne aufhalten.

Er diskutierte mit seinen Mitarbeitern alternative Modelle: Das Schlagwort lautete »Upcycling«. Zur Debatte stand unter anderem der Umbau des Komplexes in eine Markthalle. »Der Hostel-Gedan-

Wie ein Urlaub in der Karibik …

ke war früh vorhanden«, erklärt Schlößer. Die Lage der Halle unweit des ehemaligen Regierungsviertels, der Museen und des UN-Campus schien sie als Anlaufstelle für Schulklassen und Reisegruppen zu prädestinieren. Doch sei der Hostel-Gedanke mit einem großen Fragezeichen versehen geblieben. Denn der »klassische Backpacker aus Neuseeland und Australien« wähle nicht unbedingt Bonn als Reiseziel. »Wir mussten umdenken, neu denken.« Der zündende Impuls kam ausgerechnet aus Berlin. Ein Hotel in Kreuzberg überraschte Schlößer mit einer extravaganten Innendekoration, zu der auch einige Wohnwagen gehörten.

Plötzlich war auch die richtige Idee; und nun entstand schnell das Konzept für eine Art Indoor-Campingplatz.

Schlößer begann, historische Wohnwagen einzukaufen. Bei Modellen der 70er- und 80er-Jahre war das kein Problem. Anders sah es mit älteren oder ausgefallenen Modellen aus. Ein Netzwerk von Freunden und Bekannten half und vermittelte die nötigen Kontakte, sodass Schlößer bald eine stattliche Sammlung sein Eigen nennen konnte. Wohnwagen aus den 50er- und 60er-Jahren, ausgefallene Raritäten, sogar vier amerikanische Airstreams und ein Trabbi mit Zelt auf dem Dach fanden ihren Weg nach Bonn. Selbst ein Tourbus sowie zwei Schlaf- bzw. Liegewagen wurden als Unterkünfte für Gruppen in das Ensemble integriert.

Mit Marion Seul hat Schlößer eine Bühnenbildnerin und Set-Designerin engagiert, die die Wagen thematisch dekoriert. Accessoires von Trödelmärkten und filigrane Handarbeit lassen jeden einzelnen Wohnwagen zu einem Unikat werden. So entsteht eine Mischung aus Nostalgie, Retro-Chic und Personenkult, ergänzt durch professionelle Veranstaltungstechnik, die sowohl Tagungen als auch Konzerte ermöglicht.

Und der Erfolg gibt Schlößer recht: Das Konzept kommt an – wenngleich anders als gedacht. Es reisen zwar Schulklassen, Jugendgruppen und Vereine an, darüber hinaus aber weitaus mehr Familien als erwartet. »Vor allem Väter nutzen die Wochenenden, um ihren Kindern zu zeigen, wie sie selbst als Kinder Ferien auf dem Campingplatz machten.« Diese Besucher stammten daher in der Regel aus der näheren Umgebung. Doch auch Backpacker hätten im *BaseCamp* übernachtet, »obwohl es in Bonn ist.« Auch Mitarbeiter, Helfer und Aktivisten der *FedCon* quartieren sich während ihrer Conventions im nahe gelegenen Hotel *Maritim* ›im‹ Campingplatz ein, mehrere Musiker traten hier auf, den Höhepunkt stellte das Record-Release-Konzert der Band *Fettes Brot* dar. Im Jahr 2014 belohnte der Deutsche Tourismusverband e. V. (DTV) das *BaseCamp* mit dem Deutschen Tourismuspreis.

Obwohl er sich also guten Gewissens zurücklehnen könnte, bleibt Schlößer am Ball. Er plant weitere Messen, Konzerte, Lesungen und Kooperationen mit der Stadt und vor allem mit Schulen. Ein Onlinesystem mit Bonn-Plan und Zeitplänen soll Lehrkräften einen besonderen Service bieten, der ihnen eine interaktive Planung der Klassenfahrten ermöglicht. So will Schlößer wieder stärker die ursprüngliche Zielgruppe erreichen. »Wir leisten einen Beitrag zu einer jüngeren Kultur, die Bonn lange nicht hatte«, sagt er. »Es handelt sich um eine imagebildende Arbeit, die ich nur leisten kann, weil ich Bonner bin.«

BASECAMP YOUNG HOSTEL
IN DER RASTE 1
53129 BONN
WWW.BASECAMP-BONN.DE

powered by
druckhallen.de

27

Klassik, Rock und Biergarten

Martin Nötzel entwickelte das Kulturkonzept »KUNST!RASEN«

Morgens baut er in Ruhe den Biergarten am Weiher auf. Es wird noch eine Weile dauern, bis die ersten Ausflügler und Gäste eintrudeln. Am Abend, wenn die Konzerte beginnen, geht es dann richtig zur Sache. Seit 2012 betreibt Martin Nötzel den *KUNST!RASEN* am Fuße des Post Towers. Hier bietet er ein vielfältiges Konzertangebot, das vor allem die Generation U60 anspricht. »Die bis 60-Jährigen besitzen keine Kulturhoheit«, ärgert sich Nötzel. Dabei sei »Popkultur die eigentliche Leitkultur unserer Gesellschaft.«

Er selbst ist in die freie Kulturszene hineingewachsen. Schon in den 80ern organisierte er im *Verein Bonner Rockmusiker* das jährliche Festival *Rheinkultur*. Später war er für Konzerte auf dem Museumsvorplatz verantwortlich. Bereits in der zweiten *KUNST!RASEN*-Saison musste er dann um den Fortbestand der Veranstaltung bangen, als Anwohnerklagen seine Baugenehmigung gefährdeten, ein Hochwasser ihn finanziell schwächte und schließlich eine Brandstiftung am Ende der Saison den Biergarten zerstörte. Die Rettung kam »auf die rheinische Art«, indem die Kulturszene Zusammenhalt bewies. Mit Wolfgang Niedecken, Konrad Beikircher oder auch Bill Mockridge schlossen sich zahlreiche Künstler von Rang und Namen zusammen und retteten den *KUNST!RASEN* mit einem Benefizkonzert. Das hat Nötzel in seinem Kulturkonzept bestätigt.

Er meint, auch die Stadt solle sich mehr an jungen Menschen orientieren und die freie Kultur finanziell fördern. »Warum gibt es kein langfristiges Konzept, das Leuchtturmprojekte enthält? Die Stadt braucht zeitgenössische Alleinstellungsmerkmale, sonst werden wir mit der fulminanten Infrastruktur der 80er-Jahre scheitern.«

KUNST!RASEN BONN
CHARLES-DE-GAULLE-STRASSE
53113 BONN
WWW.KUNSTRASEN-BONN.DE

28

2.000 Leuchten für Beethoven

Dieter Fröhlich hält den Post Tower in Schuss

Als die Nationalelf 2014 die Weltmeisterschaft gewann, erstrahlte eine Lichtinstallation über Bonns Dächern: 2.000 Leuchten und 100 Strahler hinter den 40 Etagen der Glasfassade des 162,5 Meter hohen Post Towers zeigten den Siegerpokal. Verantwortlich dafür zeichnete nicht zuletzt Dieter Fröhlich.

Der Diplomingenieur für Versorgungstechnik übernahm die Abteilung für technisches Facility-Management, als der Post Tower sich im Rohbau befand. Seither trägt er die Verantwortung für das Funktionieren der Technik in dem modernen Bürogebäude – dem höchsten in Nordrhein-Westfalen. Mit Erfolg, wie sich zeigte. 2014 verlieh das *Council on Tall Buildings and Urban Habitat* in den USA dem Gebäude den *10 Year Award*, der ihm Nachhaltigkeit seit über einem Jahrzehnt bescheinigt. Dies wird beispielsweise durch Nutzung des Windes erreicht, der den DHL-Turm umweht. Er dringt in die steuerbaren Lüftungsklappen der äußeren von zwei Glasfassaden ein und sorgt aufgrund des Kamineffekts für eine stetige kontrollierbare Luftzirkulation im Gebäude. Den Komplex kühlen außerdem Konvektoren in den Büros sowie kleine Rohre in den Betondecken. Ein Brunnen in 20 Metern Tiefe versorgt sie mit Kühlwasser aus dem Rhein. Es gelangt anschließend in einen Teich, wo die Temperatur angepasst wird, damit das Wasser nicht zur atmosphärischen Erwärmung beiträgt, wenn es in den Rheinauen weiter verwertet wird.

Fröhlich steht für die Betreuung und Pflege dieser Anlage sowie 30 weiterer Gebäude des Konzerns *Deutsche Post – DHL Group* ein zuverlässiges Team zur Seite. So dürfen sich die Bonner und ihre Gäste auch zu Beethovens Geburtstag auf eine leuchtende Fassade freuen.

POST TOWER
DEUTSCHE POST AG
CHARLES-DE-GAULLE-STRASSE 20
53113 BONN

29

Für Pluralismus und Solidarität

Dr. Till Winkelmann hilft Flüchtlingen im Verein »AsA«

Er ist gewissermaßen ein Mann der zweiten Reihe: Seit jeher engagiert sich der Geograf Dr. Till Winkelmann lieber hinter den Kulissen. Bereits in seiner Schul- und Studienzeit war er in dem Jugendverband *JungdemokratInnen/Junge Linke* politisch aktiv. 2001 gründete er die Organisation *risingtide*, die den Klimagipfel in Bonn mit einem Protestcamp, mit Veranstaltungen und Demonstrationen kritisch begleitete. Für zahlreiche Aktionen war er organisatorisch verantwortlich, doch als Frontmann sah man ihn kaum. Jahre später hat er das Ziel seiner Aktivitäten nicht aus den Augen verloren: »Eine offene, pluralistische Gesellschaft, deren Solidarität nicht an den Landesgrenzen endet.« Aus diesem Grund engagiert er sich seit 2014 ehrenamtlich für den *Verein Ausbildung statt Abschiebung (AsA)*.

Die aktuelle Flüchtlingskrise, insbesondere in Afrika, sieht Winkelmann als Resultat jahrzehntelanger verfehlter Politik, in der die wirtschaftlichen Interessen der Industrieländer dominieren. Wenn beispielsweise die Gewässer vor den Küsten Westafrikas leergefischt und gleichzeitig der Binnenmarkt mit billigen, subventionierten EU-Agrarprodukten überschwemmt werden, folgen daraus Arbeitslosigkeit, Lebensmittelknappheit, Hunger und Armut der lokalen Bevölkerung. »Den Menschen werden die Lebensgrundlagen genommen, sie werden gezwungen, in die größeren Städte zu wandern und dort nach Alternativen zu suchen. Und angesichts der lokalen Arbeitslosigkeit richten diejenigen mit besserer Bildung ihren Blick nach Europa. Eigentlich wollen sie doch in ihrer Heimat bleiben. Es müssen Strukturen geschaffen werden, die ihnen das ermöglichen.« Bislang seien viele politische Versprechen jedoch Lippenbekenntnisse gewesen.

Winkelmann richtet sein Handeln auf Nachhaltigkeit aus und fordert von seinen Mitmenschen, so zu leben, dass künftige Generationen gute Voraussetzungen haben, und »die globalen Konsequenzen ihres Handelns, beispielsweise ihres Konsums, zu überdenken.«

Zu dieser Haltung veranlasste ihn die Auseinandersetzung mit der deutschen Geschichte, insbesondere dem Nationalsozialismus.

Bei gemeinsamen Freizeitaktivitäten wird Deutsch gelernt

Denn Winkelmann ist überzeugt, eine historische Verantwortung zu tragen, die insbesondere zur Hilfe für Flüchtlinge verpflichtet.

2014 begann er im Vorstand von *AsA* mitzuarbeiten, im Sommer 2015 wurde er als Beisitzer im Vorstand bestätigt. Bereits zuvor explodierten die Flüchtlingszahlen; wie sie sich künftig entwickeln, ist kaum absehbar. So bleibt die Arbeit des Vereins relevant.

AsA gibt es seit 2001; der Name ist Programm. Der Verein setzt sich ein für jugendliche Flüchtlinge aus mehr als 25 verschiedenen Ländern – beispielsweise aus Syrien, Afghanistan, Guinea, Eritrea. Sie kommen häufig unbegleitet nach Bonn und haben eine lange Flucht hinter sich. 70 bis 80 Prozent von ihnen sind traumatisiert, haben Schwierigkeiten, sich zu konzentrieren und anderen Menschen zu vertrauen. Vielen fällt es schwer, sich an einen geregelten Tagesablauf zu gewöhnen und in die hiesigen Gepflogenheiten einzufinden. Neben lebensnotwendigen Dingen wie Kleidung, Nahrung, Wohnung, Schul- und Ausbildungsplatz benötigen viele psychologische Betreuung. Die meisten sind jedoch hochmotiviert und wollen etwas aus ihrem Leben machen.

Vier hauptamtliche und bis zu 20 ehrenamtliche *AsA*-Mitarbeiter unterstützen die Jugendlichen auf verschiedenen Ebenen. So bieten ihnen weitere 70 Ehrenamtliche etwa 140 Unterrichtseinheiten pro

Woche an und vermitteln sie an Schulen. Für Jugendliche unter 18 Jahren besteht nämlich Schulpflicht, selbst wenn nicht genug Plätze an Schulen vorhanden sind. Dann bieten die *AsA*-Kurse eine Übergangslösung. In Sprachkursen, die sich an praktischen Alltagsbedürfnissen orientieren, wie beispielsweise Kochen, tauschen die Jugendlichen sich über ihre Kulturen aus und erlangen Motivation.

Auch bei der Wahl der Ausbildungsplätze und den Bewerbungen berät *AsA*. Die Mitarbeiter kooperieren mit der Stadt, dem Jugendamt und den Schulen, an denen Internationale Förderklassen existieren. Gleichzeitig unterstützen sie Ehrenamtliche in der Flüchtlingshilfe, bieten Supervisionen und Fortbildungen an.

»Man muss sich immer die Frage stellen, inwieweit Hilfe wirklich hilfreich ist und wann sie zur Bevormundung wird«, meint Winkelmann. Wenn die Motivation zu helfen allein aus dem Bedürfnis resultiere, Dankbarkeit zu erfahren, werde dies manchmal zum Problem. Daher folge *AsA* dem Prinzip »Hilfe zur Selbsthilfe«.

»Das große Bedürfnis zu helfen« vom Sommer 2015 freute Winkelmann, doch entsetzten ihn die Ereignisse der Jahreswende und der plötzliche Stimmungsumschwung in der Bevölkerung. »Ich hätte mir nicht vorstellen können, dass nach 1991 so bald in Deutschland wieder Flüchtlingsunterkünfte brennen, dass die rechten Gewalttaten so drastisch und vor allem so flächendeckend ansteigen würden. Die aktuellen Entwicklungen bekräftigen mich in meinem Engagement. Ich denke, es ist so wichtig, streitbar für eine pluralistische Gesellschaft einzutreten, und nicht denjenigen, deren Haltung von Angst und Ressentiment geprägt ist, die öffentliche Meinung zu überlassen.«

AUSBILDUNG STATT ABSCHIEBUNG E. V. (ASA)
GODESBERGER STRASSE 51
53175 BONN
WWW.ASA-BONN.ORG

Aennchen
(17 Jahre alt)

30 Weltbekannt, besungen und verfilmt

Anne Schumacher war Ersatzmutter im Lokal »Zur Lindenwirtin«

Die wohl kürzeste Adresse, die je auf einer Postkarte stand, umfasste nur einen einzelnen Buchstaben – ein kleines »n« und: Deutschland. Im Jahr 1902 erreichte diese Postkarte Anne Schumacher, genannt »Aennchen«, die Lindenwirtin im damaligen Godesberg. Zwei Marineoffiziere schrieben sie ihr aus Tsingtau in China kurz nach dem Boxeraufstand, einem chinesischen Aufstand gegen den japanischen, europäischen und nordamerikanischen Imperialismus. Die Bezeichnung »Boxer« gaben den Aufständischen die imperialistischen Mächte aufgrund ihrer Kampftechnik. Das Deutsche Reich gehörte zu den Staaten, die Soldaten nach China schickten, um den Aufstand niederzuschlagen.

Unter ihnen befanden sich die beiden Marineoffiziere, die während des Studiums oder der militärischen Ausbildung offensichtlich den einen oder anderen Abend in der Gaststätte von Anne Schumacher verbracht hatten. Unter Burschenschaftlern galt es in diesen Jahren als eine Art Wettbewerb, der Inhaberin jenes Gasthauses in Godesberg Post- und Grußkarten aus aller Welt zu schicken und hierbei möglichst kurze und abstruse Adressbezeichnungen zu verwenden, die einem Rätsel glichen. In Godesberg kamen Postkarten an, auf denen nur »an die Lindenwirtin in Godesberg« oder »an Aennchen Schumacher, Godesberg« stand oder auf denen die Skizze eines Weinfasses zu sehen war. Diese Postkarten zeugen noch heute von der Popularität der Lindenwirtin zur späten Kaiserzeit.

Anne Schumacher wurde 1860 als jüngste Tochter einer Großfamilie geboren; sie hatte zwölf ältere Geschwister. Schon in ihrer Kindheit wurde sie zärtlich Aennchen genannt, und dieser Name blieb ihr auch über den Tod hinaus. Ihr Vater starb, als sie noch klein war. Einige Jahre später heiratete die Mutter einen Mann, der die Wirtschaft *Zum Godesberg* unmittelbar unterhalb der Godesburg führte.

Das Gasthaus befand sich in dem traditionell landwirtschaftlich genutzten Viertel von Godesberg, genannt Knolleveedel (Kartoffelviertel). Die Umgebung prägte die Wirtschaft, die einst selbst ein Bau-

Aennchen am Klavier im Kreise der Burschen ziert eine Postkarte

ernhof gewesen war. Im ehemaligen Kälberstall kamen bis zu 600 Gäste unter, die samstags hier große Tanzveranstaltungen besuchten und tags darauf ihren Sonntagsbraten verzehrten.

Doch das Gesicht des Stadtbezirks veränderte sich im Laufe des 19. Jahrhunderts. Nach langwierigen Untersuchungen und Diskussionen um den Draischbrunnen und dessen Quellen wurde dem Godesberger Wasser 1867 endlich heilende Wirkung attestiert. Die 1837 gegründete Bonn-Kölner Eisenbahn-Gesellschaft erhielt 1840 die Konzession, zwischen den beiden Städten eine Eisenbahnstrecke zu bauen, die 1844 entstand. Elf Jahre später wurde sie bis Rolandseck verlängert mit Stationen in Godesberg und Mehlem. Diese neue linksrheinische Zugverbindung sorgte für den Zuzug zahlreicher älterer und wohlhabender Bürger. 1926 erhielt Godesberg – nunmehr Bad Godesberg – den Status eines Kurortortes; 1935 wurde der Ort zur Stadt ernannt.

Vor diesem Hintergrund führte Annes Familie im 19. Jahrhundert ein zufriedenes Leben in den Räumlichkeiten über der Wirtschaft. Die älteren Geschwister heirateten und gründeten eigene Familie. Nur Aennchen lebte noch im Hause der Eltern, sie war 18 Jahre alt und ledig, als diese 1878 starben.

Damals war es für Frauen dieses Alters üblich zu heiraten. Alleinstehende Frauen ohne Ehemänner zogen zu den Familien der Geschwister und sorgten für Haushalt und Kinder. Nicht Anne Schumacher: Sie übernahm die Gaststätte des Stiefvaters, bewirtete die Gäste und saß allabendlich am Klavier, musizierte und sang. Im 19. Jahrhundert galt dies als Skandal – die Godesberger Bevölkerung war empört. Eine Wirtschaft, die von einer jungen und alleinstehenden Frau geführt wurde, erschien als Sündenpfuhl, um den die Nachbarn einen Bogen machten. Der ökonomische Erfolg blieb folglich erst einmal aus.

Doch eines Tages – so will es die Legende – verirrten sich einige Verbindungsstudenten in das Lokal. Sie waren auf dem Weg von Bonn zum Rolandsbogen, dem sagenumwobenen idyllischen Schauplatz der Rheinromantik, der verbindungsbewegten Burschen bis heute legendärer symbolischer Hintergrund für traditionelle Feiern bildet, wie beispielsweise der sogenannten Burschung nach bestandener Probezeit eines »Fuxes« und offizieller Aufnahme in die Burschenschaft. Wie es der Zufall wollte, kehrten diese Studenten bei Anne Schumacher ein und waren begeistert von der hübschen jungen Wirtin, die unterhaltsam und sympathisch musizierte. Die Burschen erreichten den Rolandsbogen an diesem Abend nicht mehr.

Stattdessen erzählten sie ihren Verbindungsbrüdern von der netten Wirtin. In den folgenden Monaten wollten weitere Burschenschaftler sie mit eigenen Augen sehen. Die Erzählung machte die Runde, sodass Anne Schumacher bald zur Mutter der Verbindungsbrüder wurde. Sie gründete nie eine eigene Familie, stattdessen sorgte sie für ihre Burschen und machte sich in deren Kreisen einen Namen. Sogar Kaiser Wilhelm II. als Mitglied des Corps Borussia besuchte eines Tages die Gaststätte.

Von diesem Tag an änderte sich das Ansehen der Anne Schumacher. Ihr Lokal wurde zum Lebensmittelpunkt der Region, Familien aßen bei ihr wieder ihren Sonntagsbraten, Gruppen und Vereine tagten hier. Zweifelsohne war Anne geschäftstüchtig. Sie benannte *Zum*

»Wisst ihr, wer die Wirtin war?« Eine Plakette erinnert an Aennchen.

Godesberg um: Es hieß nunmehr *Zur Lindenwirtin*, womit sie gewissermaßen die Entstehung einer Corporate Identity im heutigen Sinne förderte. Außerdem vergab sie Kredite. Schuldscheine, die als alternatives Zahlungsmittel in der Wirtschaftskrise im Godesberg der 20er-Jahre erhalten blieben, tragen sogar ihr Konterfei.

Eine Sammlung von Postkarten, die Burschen ihr aus aller Welt schickten, hängte sie in ihrer Gaststätte auf. Ab 1926 wurden sie zu Exponaten eines eigenen Heimatmuseums – 8.000 an der Zahl waren es, die sie dort ausstellte. Mit dem Aennchen-Kommersbuch-Verlag gründete sie sogar ein eigenes Unternehmen, in dem sie eine Sammlung von Studentenliedern publizierte. Einige Ausgaben erreichten eine Auflage von 10.000 Stück. Ihr Porträt und ihr Lokal zierten eine eigene Postkarte. Sie war offensichtlich eine selbstbewusste Geschäftsfrau.

Heute erzählt man sich außerdem, Anne Schumacher sei unpolitisch gewesen. In ihrer Gaststätte waren Mitglieder aller Burschenschaften willkommen. Der zunehmende Antisemitismus und Militarismus innerhalb der Burschenschaften sowie der Ausschluss von Studenten, die nicht den »rassischen Idealen« einiger Burschenschaften entsprachen, hätten für sie keine Bedeutung besessen. Vielleicht habe sie von diesen Entwicklungen nicht einmal etwas bemerkt.

Als sie 1935 starb, sei der Trauerzug durch die Nationalsozialisten zu einem großen, einenden Volksereignis instrumentalisiert, die Gaststätte jedoch bald geschlossen worden. Der herrschende Pluralismus der Verbindungen habe nicht zu den Gleichschaltungsbestrebungen im Deutschen Reich gepasst. An ebendiesen Mythos des Pluralismus knüpften dann zahlreiche Heimatfilme der 50er-Jahre an. In der burschenherrlichen Gemeinschaft, die trotz marginaler Unterschiede verschiedener Verbindungstraditionen bestand, sahen die Fünfziger ein Ideal der sich konstituierenden Bundesrepublik. In diesem Rahmen ließ sich eine kulturelle Gemeinschaft für den neuen Staat unterhaltsam inszenieren.

In jenen Jahren eröffnete zunächst ein Weinlokal in den Räumlichkeiten der historischen *Lindenwirtin*. Als die Burgstraße, wo sich das Haus befand, im Zuge einer Altstadtsanierung und der damit einhergehenden Erweiterungen der Bad Godesberger Fußgängerzone in den 70er-Jahren verbreitert wurde, musste das Gebäude weichen und wurde 50 Meter entfernt vom ursprünglichen Standort wieder aufgebaut. Möglichst originalgetreu samt Mobiliar entstand das Gasthaus neu.

1987 eröffnete ein Restaurant, dessen Pächter an den Aennchen-Mythos anknüpfte. In den späten Jahren der Bonner Republik trafen sich hier Politikerinnen und Politiker, hier nahm die Regierung mit einem Bankett ihren offiziellen Abschied.

An der gehobenen Küche erfreuten sich seit Bonns Entwicklung zur UNO-Stadt internationale Geschäftsleute und Burschenschaftler, bis das Restaurant Ende 2015 schloss. Nicht nur bei den Mitgliedern von Burschenschaften und Verbindungen bleibt die *Lindenwirtin* deutschlandweit sagenumwoben. Doch die Altherrentreffen, der Brauch des Maisingens oder die Feiern zur offiziellen Aufnahme in Verbindungen müssen nun woanders stattfinden. Das alte Gemäuer bleibt leer, nur die unzähligen Postkarten im Stadtarchiv erinnern an den Glanz einstiger Burschenherrlichkeit bei der Lindenwirtin.

EINSTIGES RESTAURANT
ZUR LINDENWIRTIN AENNCHEN
AENNCHENPLATZ 2
53173 BONN

31

Bolu bei Bonn am Rhein

Safiye Temizel fördert Integration in der DITIB-Gemeinde

Politisch korrekt muss man sie als »Muslima mit Migrationshintergrund« bezeichnen. Doch Safiye Temizel grinst selbstbewusst: »Ich bin Altstädterin.« Sie lebt seit mehr als 40 Jahren in Bonn, und nach Bolu, den Ort am Schwarzen Meer, in dem sie geboren ist, zieht sie nur manchmal eine diffuse Sehnsucht. Safiye gehört zu den Türkischstämmigen, die in zweiter oder dritter Generation in Deutschland leben und deren Eltern in den 60er-Jahren als sogenannte Gastarbeiter von der damaligen Bundesregierung zur Unterstützung der deutschen Wirtschaft geholt wurden. Wegen des Bedarfs an Arbeitern von Firmen wie Haribo und der Magnetfabrik sowie von der IG Metall zogen die Gastarbeiter auch nach Bonn. Etwa 1.500 Bewohner Bolus versammelten sich hier und gründeten in der Altstadt eine islamische Gemeinde.

Unter ihnen waren ebenfalls Safiyes Eltern. Ihre vier Kinder sind in Bonn geboren und wachsen hier auf mit Kindern aus türkischstämmigen, aus muslimischen, christlichen und bikulturellen Familien. Oder auch aus Familien, in denen Religion auf den ersten Blick keine Rolle spielt. Safiye Temizel ist es wichtig, dass sie die Wurzeln ihrer eigenen Kultur nicht vernachlässigen oder gar vergessen. Sie bewahrt die religiöse Tradition, ohne sich anderen zu verschließen. »Ich gehe offen auf andere Menschen zu und wünsche mir dieselbe Offenheit von anderen.« Das ist es, was sie ihren Kindern vorlebt.

Safiye engagierte sich bereits in der islamischen Gemeinde *DITIB* (Türkisch-Islamische Union der Anstalt für Religion e.V.), als diese noch in dem kleinen Gebäude An der Esche untergebracht war. Sie unterstützte die Spendensammlungen, die es der Gemeinde ermöglichten, am Rande der Viktoriabrücke eine neue Moschee zu erbauen und zwei Imame aus der Türkei zu beschäftigen, die den Kindern die türkische Sprache und die muslimische Religion nahebringen.

Temizel organisiert Nachhilfe für Kinder, die in der Schule Schwierigkeiten haben. Zudem unterstützt sie den Sprach- und den

Der SV Boluspor *gewann schon so manchen Pokal*

Koranunterricht. Die Mädchen lehrt sie tanzen und diskutiert mit ihnen relevante religiöse und gesellschaftliche Fragen. Sie fördert die sportliche Aktivität der Jungen im Fußballclub *SV Boluspor*, der nach der Heimatstadt benannt ist, die Bezugspunkt bleibt, auch wenn kaum jemand ernsthaft plant, nach Bolu zurückzukehren.

Als 2010 der erste Bonner Integrationsrat eingerichtet wurde, erschien Safiye vielen als geeignete Kandidatin. Sie erklärte sich bereit, selbst wenn ihr die politische Erfahrung fehlte. »Man kann alles lernen, wenn man nur will«, sagt sie. Safiye lernte schnell und wurde zur Vorsitzenden des Integrationsrates. »Viele wollten etwas Neues schaffen. Daher suchte man eine Muslima, die jung und motiviert war und gut Deutsch spricht.« Das Profil passte. Bald gehörte es zu ihren Hauptaufgaben, Verhandlungen mit Parteien zu führen, Projekte zu unterstützen, sie inhaltlich und finanziell zu fördern und Reden zu halten. »Zuerst war ich unsicher und habe mir oft Rat eingeholt. Doch die letzten Reden habe ich selbst und ganz alleine geschrieben. Es hat mir großen Spaß gemacht, sie zu halten.« Schließlich war sie maßgeblich beteiligt an dem Beschluss zur Einrichtung einer Antidiskriminierungsstelle. »Es war eine harte Aufgabe«, lächelt Temizel. »Doch die Arbeit ist geschafft.« Auch wenn Temizel nicht mehr Vorsitzende des Integrationsrates ist, bleibt sie aktiv. Insbesondere den muslimischen Mädchen und jungen Frauen möchte sie helfen. »Selbst sehr gute Schülerinnen, die Abitur machen, werden doch Verkäuferinnen oder Arzthelferinnen. Für muslimische Frauen ist es schwer, eine gute Stelle zu bekommen. Vor allem, wenn sie Kopftuch tragen.«

Safiye Temizel betrachtet sich als moderne Frau. Sie trägt Jeans, weshalb einige aus ihrer Gemeinde sie für zu weltlich halten. Aber sie trägt auch Kopftuch, denn der Islam ist ihr wichtig. Deswegen hält sie die religiösen Regeln und Vorschriften ein und feiert die muslimischen Feste. Sie führt eine arrangierte Ehe, weil sie es so wollte. Dennoch wendet sie sich gegen die Scharia. Frauen sollten sich ihrer Meinung nach nicht vermummen, »das steht nicht im Koran.«

Seit einiger Zeit spürt sie, dass die Menschen zunehmend skeptisch auf den Islam und seine Symbole reagieren. Seit die Medien von den Gräueltaten des Islamischen Staates berichten, distanziert sich die nicht islamische Umwelt von ihr; die Menschen haben Angst und halten Abstand. Dabei sind die Gemeinden selbst mit den Extremisten in ihren Reihen überfordert. Temizel steht daher im Kontakt zu Mitarbeitern des Projekts *Wegweiser*, mit dem das Innenministerium versucht, dem gewaltbereiten Salafismus vorzubeugen.

Sie versucht, in dieser Situation offen zu bleiben und immer wieder Kontakte aufzunehmen und Gespräche zu führen. Dieselbe Offenheit und Diskussionsbereitschaft erwartet sie von Muslimen in ihrer Gemeinde wie auch von Nichtmuslimen in ihrer Umgebung. Manchmal reiche es nicht, sich formal politisch korrekt zu verhalten. »Wichtig ist, dass man Fragen stellt, wenn man etwas nicht versteht, und dass man bereit ist, sich mit den Menschen und ihren Überzeugungen auseinanderzusetzen.«

DITIB TÜRKISCH-ISLAMISCHE GEMEINDE
ZU BONN E.V.
HOCHSTADENRING 43
53119 BONN
WWW.DITIB-BONN.DE

32 Behördenalltag mit künstlerischem Flair

Katrin Reinhold sitzt an der Schaltstelle im Schumannhaus

»Stopp!«, sagt Katrin Reinhold, als ich den Auslöser der Kamera drücken möchte. Dann sortiert sie rasch die Falten ihres Seidentuchs. »Schließlich muss doch alles seine Ordnung haben.« Sie zwinkert mir zu. »In dieser Hinsicht bin ich mit jeder Pore Angestellte des öffentlichen Dienstes.« Als wir später gemeinsam beim Kaffee in ihrem Büro sitzen, erzählt sie strahlend von den Musikern, die sie bei Konzerten betreut. Begeistert schildert sie virtuose Begabungen und grinst über die eine oder andere Eigenheit und Skurrilität, die sie mit den Künstlern erlebt hat. Es kann kein Zweifel bestehen: In der Brust von Katrin Reinhold wohnen mehrere Seelen.

Denn die Diplom-Bibliothekarin erfüllt als Leiterin der Musikbibliothek des Schumannhauses eine Mehrfachfunktion – und jede einzelne mit Leib und Seele. Als Angestellte der Bonner Stadtbibliothek ist sie zuständig für die Verwaltung der Bücher, Noten und CDs, für die Ausleihe sowie für die ständige Aktualisierung des Bestands. Außerdem betreut sie Konzerte des *Vereins Schumannhaus e. V.*, der als Träger des Hauses und des Museums fungiert. »Ich liebe die Ehrlichkeit der gnadenlos trockenen Akkuratesse des Bibliothekswesens«, schwärmt Reinhold. »Doch ebenso sehr genieße ich die Nähe zu Schumann und seiner Musik, zu den Künstlern, dem Publikum und den Museumsbesuchern. In meiner Position bin ich überall dicht dran.« Denn sie steht als Ansprechpartnerin dem Vorstand und den Mitgliedern des Vereins sowie den Besuchergruppen der Ausstellung zur Verfügung. Deren Exponate betreut wiederum die Leiterin des Bonner Stadtmuseums, Dr. Ingrid Bodsch, mit der sie ebenfalls kooperiert. Diese Zusammensetzung verschiedener Aufgabenbereiche, die Katrin Reinhold verkörpert, findet sich im Schumannhaus auch in der räumlichen Aufteilung wieder und ist historisch gewachsen.

Von 1844 an befand sich in dem einstigen Landsitz ein Privatsanatorium. Robert Schumann, der am Rosenmontag des Jahres 1854 durch einen Sprung in den Rhein versucht hatte, seinem Leben ein Ende zu setzen, wurde am 4. März in die Endenicher Heilan-

In einem japanischen Comic ist die Fassade des Schumannhauses zu sehen

stalt verlegt. Hier verbrachte er die letzten zweieinhalb Jahre seines Lebens unter psychischen Leiden. Heute geht man davon aus, dass die Spätfolgen einer Syphilis etwa 20 Jahre nach der eigentlichen Infektion bei dem Komponisten hirnorganische Veränderungen bewirkt haben.

Als der Bürgermeister Leopold Kaufmann vom Tode Schumanns am 29. Juli 1859 erfuhr, stellte er ein Ehrengrab auf dem Alten Friedhof zur Verfügung. Anlässlich des 70. Todestages wurde auch Schumanns letztem Wohnort besondere Aufmerksamkeit zuteil: 1926 wurde ein Medaillon mit einem Porträt des Komponisten angebracht, das auf die Bedeutung des Hauses hinwies. Gegenwärtig befindet es sich in der Ausstellung.

1927 kaufte die *Laien-Brüderschaft der Alexianer zu Neuss* das Anwesen und betrieb es weiterhin als Heilanstalt. 1937 erhoben die Nationalsozialisten Anschuldigungen wegen Missbrauchs Schutzbefohlener gegen die katholische Kirche, in die auch die Alexianer hineingezogen wurden. Bis heute ist der Wahrheitsgehalt dieser Anschuldigungen ungeklärt; klar ist nur, dass gegen 24 Brüder schwere Strafen verhängt wurden und die Anstalt letztlich schließen musste.

Im Zweiten Weltkrieg wurde das Gebäude zerstört. Die Alexianer bemühten sich um seinen Wiederaufbau und eröffneten in einem Teil des Hauses ein Seniorenheim. 1963 entstand auf Initiative des Musikwissenschaftlers Siegfried Kross im Obergeschoss eine Musikbibliothek; das Gebäude wurde offiziell zum Schumannhaus und das ehemalige Krankenzimmer des Musikers zur Gedenkstätte erklärt. 1982 stand die Zukunft des Hauses aus finanziellen Gründen auf der

Kippe, und es waren – wie so oft in Bonn – engagierte Bürgerinnen und Bürger, die sich unter Federführung der damaligen Leiterin der Musikbibliothek, Brigitte Berenbruch, in dem *Verein Schumannhaus e. V.* zusammenschlossen, um Verkauf und Abriss des kulturell und historisch bedeutsamen Gebäudes zu verhindern. Als der damalige Bundeskanzler Helmut Schmidt dem Verein eine beachtliche Summe beisteuerte, geriet die Stadt unter Zugzwang. Gemeinsam mit dem Verein erwarb sie das Gebäude und baute es vollständig um: Im Erdgeschoss entstand ein Museum mit Musikbibliothek, im Obergeschoss ein Kammermusiksaal mit Bibliothek. An der Gestaltung wirkte wiederum Berenbruch maßgeblich mit.

1996 trat Katrin Reinhold deren Nachfolge an. Sie betrachtet es als Herausforderung und Verantwortung, in Berenbruchs Sinne weiter daran zu arbeiten, »eine Musikinstitution, die aus der Vergangenheit schöpft, zukunftsfähig zu machen.« Der Bestand des Schumannhauses gleiche bereits einer »Feinkostabteilung des Bibliothekswesens.« In den kommenden Jahren soll er durch E-Books erweitert werden – eine neue Herausforderung.

Jenseits ausgefallener Partituren, Noten und Einspielungen, über die die Musikbibliothek verfüge, stellte auch die Organisation der von Berenbruch eingeführten Hauskonzerte im Kammermusiksaal sowie des alljährlichen Schumannfestes in Kooperation mit dem *Verein Schumannhaus* eine interessante Besonderheit dar, die ihresgleichen sucht. Besonders auf das Schumannfest im Jahre 2019 freut sich Katrin Reinhold schon jetzt.

Dann jährt sich der Geburtstag Clara Schumanns zum 200. Mal, und das Schumannhaus präsentiert zu ihren Ehren ein besonderes Programm. »Wir verfügen über Tagebücher und Liebesbriefe, die einzigartige historische und musikgeschichtliche Zeugnisse darstellen. Sie offenbaren, dass es sich bei der Beziehung zwischen Robert und Clara Schumann um die menschlich am meisten bewegende Liebesgeschichte handelt, die die Musikgeschichte überhaupt zu bieten hat.« Es sei beeindruckend, wie Clara Schumann als Frau und Künst-

Die Ausstellung des Schumannhauses zeigt auch das Medaillon, mit dem der Komponist 1926 geehrt worden ist

lerin im 19. Jahrhundert ihr Leben mit den Kindern und dem kranken Mann gemeistert habe. Trotzdem werde sie oft zur Projektionsfläche gemacht und »feministischer dargestellt, als sie eigentlich war«. Zu ihrem 200. Geburtstag wird den verschiedenen Spuren ihres Lebens nachgegangen.

Im Schumannhaus ist alles miteinander verknüpft: inhaltlich und räumlich. Alles liegt so nahe beisammen, dass Reinhold den Künstlern zur Vorbereitung auf deren Konzertauftritte ihr eigenes Büro als Garderobe zur Verfügung stellt.

Dabei passierte es eines Tages, dass sich eine berühmte Violinistin, als sie im Büro der Bibliothekarin in ihre Robe schlüpfte, die Stirn am Regalbord stieß. Ein Coolpack fehlte, doch Katrin Reinhold war mit einem Cornetto-Eis zum Kühlen der Beule zur Stelle, denn das war zufällig noch von ihrer Mittagspause übrig geblieben.

Ein anderes Mal fand sie einen Pianisten wenige Minuten vor seinem Auftritt neben ihrem Aktenregal liegend. Als sie schockiert den Notarzt alarmieren wollte, stellte sie fest, dass sich der Totgeglaubte mit Yogaübungen auf den bevorstehenden Auftritt konzentrierte.

Einer weiteren Künstlerin half sie, als sich deren Haare aufgrund der räumlichen Enge im Föhn verfangen hatten. Gemeinsam zupften sie Strähne für Strähne aus dem Gerät und schritten dann feierlich, als sei nichts geschehen, in den Konzertsaal nebenan. Für einen besonders prominenten Pianisten brauchte sie kein Hotel buchen – er reiste im eigenen Wohnmobil an. Das teilte er sich nicht nur mit seiner Ehefrau und zwei Hunden, auch ein eigenes Klavier zum Üben befand sich darin. »So etwas hatte ich wirklich noch nie zuvor gesehen«, lacht Reinhold.

Vor allem anderen genießt Katrin Reinhold bei ihrer Arbeit die Nähe zu Robert und Clara Schumann, zu deren Musik und zur Geschichte der Romantik. »Es ist fantastisch zu spüren, wie man selbst mehr und mehr mit dem Gebäude und seiner Geschichte verwächst«, erzählt sie. Während wir gemeinsam durch das Haus gehen, deutet sie auf Fotos und Exponate und zieht zielstrebig ausgefallene Publikationen aus den Bibliotheksregalen. Sie weiß alles über jeden einzelnen Gegenstand, kann zu allem eine Anekdote erzählen und findet zu jedem Anlass etwas Passendes – sei es eine Führung für japanische Schumann-Liebhaber oder auch für die Vorschulkinder einer Bonner Kita. Die Kombination von historischem Flair, künstlerischem Glamour mit Behördenalltag und dem Kontakt zur Gegenwart betrachtet sie als Alleinstellungsmerkmal und Privileg. »Aus meiner anfänglichen Faszination erwuchs im Laufe der Jahre so etwas wie Heimatgefühl. Ich bin sehr glücklich, dass ich hier arbeiten darf.«

SCHUMANNHAUS BONN
SEBASTIANSTRASSE 182
53115 BONN
WWW.SCHUMANNHAUS-BONN.DE

33 Man lernt auch den Regen zu genießen

Thomas Spannuth führt das Bestattungshaus Spannuth

Sein Name verpflichtet. Das Bestattungshaus Spannuth existiert seit 1900; Thomas Spannuth führt es in der vierten Generation. In diese Tradition ist er hineingewachsen. »In meiner Schulzeit war ich der Einzige, der mit dem Leichenwagen von der Schule abgeholt wurde«, lacht er und fügt ernst hinzu: »Ich habe aber auch schon von klein auf gelernt, dass man nicht alt werden muss, um zu sterben. Und dass Bestatter ein sehr zeitintensiver Beruf ist. Denn Sterbende richten sich nicht nach Terminen der Familie eines Bestatters.«

Wie seinem Vater und seinem Großvater ist es auch Thomas Spannuth wichtig, sich für die Hinterbliebenen Zeit zu nehmen. In langen, intensiven Gesprächen findet er heraus, mit wem er es zu tun hat und was den Menschen wichtig ist. Er hört zu und berät. Er versucht, alles möglich zu machen, was gewünscht wird. Ob dies eine Bestattung in einer handgeschnitzten Urne in Form einer Skihütte ist, wo der Verstorbene schöne Zeiten verbracht hat. Ob dies eine Bestattung mit dem ausgestopften Hund im Sarg ist. Oder ob dies eine Bestattung mit einer Drei-Liter-Flasche Asbach Uralt ist, von der der Verstorbene immer gesagt hat: »Wenn einmal etwas Besonderes geschieht, öffnen wir sie.«

Einmal beerdigte Spannuth sogar eine Urne in einem Sarg, weil die Ehefrau nicht hinter der Urne zum Grab schreiten wollte. »Von außen mag dies skurril erscheinen.« Doch das ist ihm zu sehr in Schubladen gedacht. »Man lernt viel in diesem Beruf. Das Leben ist endlich. Man kann nicht immer sorgenfrei sein, aber Zufriedenheit kann man sich nicht mit Geld erkaufen.« Und er fügt lächelnd hinzu: »Ich möchte nicht die reichste Leiche in der Reihe sein.«

BESTATTUNGEN SPANNUTH
STERNENBURGSTRASSE 52
53115 BONN
WWW.BESTATTUNGEN-SPANNUTH.DE

34 Beethoven und der Bonner Mittelstand

Dr. Christine Lötters erfand den »Ludwig« für die IHK Bonn

Dr. Christine Lötters leitet die Agentur für Strategische Kommunikation *SC Lötters*. Ihren größten beruflichen Coup landete sie mit der Einführung des *Ludwig*, einer regionalspezifischen Auszeichnung für Unternehmen des Mittelstands bei der Industrie- und Handelskammer (IHK) Bonn/Rhein-Sieg.

Seit 1891 ist die IHK Bonn/Rhein-Sieg das wirtschaftliche Selbstverwaltungsorgan der ihr mittlerweile angehörenden rund 56.000 Unternehmen aus Industrie, Handel und Dienstleistung. In dem 1.300 Quadratkilometer großen Wirtschaftsraum, zu dem neben Bonn weitere 19 Städte und Gemeinden gehören, leben 900.000 Menschen. Er gehört zu den attraktivsten Wachstumsregionen in Deutschland mit den Schwerpunkten Wirtschaft, Wissenschaft, Kongresswesen und Kultur. Seit dem Umzug der Regierung hat die Zahl der IHK-Betriebe trotz dieses Ereignisses um 50 Prozent zugenommen.

Eine Erfolgsgeschichte kann auch Christine Lötters erzählen: Sie fungiert als regionale Servicestelle der Oskar-Patzelt-Stiftung (OPS), die den Großen Preis des Mittelstands auslobt. Während dieser bundesweite Preis auf den Namen seines Stifters – Oskar – hört, erinnert der Preis der IHK Bonn/Rhein-Sieg an den berühmtesten Bürger der Stadt. Als Fachfrau für strategische Kommunikation verfolgt Lötters das Ziel, mittelständische Unternehmen in Bonn und der Region anzukurbeln und miteinander zu vernetzen. Genau das leistet der *Ludwig*. Er wird jährlich von einer Jury verliehen, die sich aus Michael Pieck, dem Pressesprecher der IHK, Christine Lötters selbst, Vertretern von Bonner Unternehmen, den Gewinnern des *Ludwig* aus dem Vorjahr und Medienvertretern zusammensetzt.

Unternehmen, die ihr Interesse an einer Bewerbung bekunden, müssen Fragen zu dessen Ausrichtung und Entwicklung beantworten. Hierzu gehören traditionelle Daten wie Umsatz, Produktion und Personalstände sowie Fragen, die auf die soziale Verantwortung der Unternehmen abzielen. Diese reichen von Personalentwicklung und Schaffung von Ausbildungsplätzen bis hin zu Themen, durch die sich

Der Ludwig *verpflichtet …*

ein modernes Unternehmen auszeichnet. Die »Corporate Social Responsibility« eines Unternehmens wird gemessen an Maßnahmen zur Förderung der regionalen und gesellschaftlichen Bedeutsamkeit.

Besonderen Wert legen die Preisverleiher auf Gerechtigkeit. Zunächst müssen die Bewerber die Juroren durch eine Präsentation von sich und ihrem Unternehmen überzeugen. Hierfür stehen ihnen fünf Folien à drei Minuten zur Verfügung. Später vergleicht die Jury die Unternehmen anhand von inhaltlichen Daten, die ermittelt werden mithilfe eines Fragebogens, der pro Antwort maximal 1.000 Zeichen zulässt. Im Zeitalter der Konzentration auf den Mehrwert unternehmerischer Handlungen stellt sich die Frage nach der Aufwand-Ergebnis-Relation. Kurz: Warum sollte sich ein Unternehmen überhaupt bewerben?

»Der *Ludwig* ist vor allem ein Hinweis, dass sich hinter diesem Unternehmen ein besonderes Konzept oder Modell verbirgt, bei dem es sich hinzusehen lohnt«, meint Lötters. Er ist also einerseits eine Anerkennung für den Unternehmer. Andererseits verschafft er öffentliche Aufmerksamkeit und verhilft damit mittelständischen Firmen zu Effekten, die in Großunternehmen von definierten Public-Relations- oder Marketing-Abteilungen erzielt werden sollen – ein Luxus, für den Mittelständler kaum Ressourcen haben. Der *Ludwig* besitzt einen weiteren Vorteil: Seine Berechtigung ist von einer dritten Instanz nach einheitlichen Kriterien ermittelt worden.

Christine Lötters hat die Bedeutung einer solchen Würdigung für den regionalen Mittelstand erkannt. Als sie sich mit ihrer Idee an Michael Pieck bei der Industrie- und Handelskammer Bonn/Rhein-Sieg wandte, wurde sie mit offenen Armen empfangen. 2012 konnte sie selbst mit Pieck den ersten *Ludwig* überreichen. Während sie in diesem ersten Jahr noch die meisten Unternehmen ansprechen mussten, kommen die Bewerber inzwischen verstärkt auf sie zu. Auch das Interesse potenzieller Laudatoren bei der Preisvergabe nimmt zu. Lötters lächelt: »Das nenne ich ein Beispiel für geglückte strategische Kommunikation.«

Bei strategischer Kommunikation handele es sich um »nicht nur einmal eben eine Pressenotiz nebenbei, sondern das bedeutet eine kontinuierliche Begleitung der Betriebe an den Themen entlang.« Es reiche nicht aus, dass Unternehmen allein ihre Produkte vermarkten, vielmehr müsse die Firma als Ganzes in den Blick rücken. »Ein gutes Marketing beruht auf drei Säulen: dem Produkt, dem Unternehmen, welches dieses produziert, und den Menschen, die hinter dem Unternehmen stehen.« Die Produkte alleine seien austauschbar. Ein ganzheitliches Bild müsse vermittelt werden, um beim Konsumenten Vertrauen zu schaffen. »Vertrauen«, sagt Lötters, »kann man nur Menschen. Daher müssen wir die Menschen hinter den Produkten zeigen. Am Ende des Tages verkaufen wir Gefühle.«

Und was schließlich bewegt den Zuschauer mehr als ein Unternehmer, der freudig lächelnd den *Ludwig* in Empfang nimmt?

IHK BONN/RHEIN-SIEG
BONNER TALWEG 17
53113 BONN
WWW.IHK-BONN.DE

35 Bonn in Bildern der Jahrhundertwende

Elisabeth Erdmann-Mackes Erinnerung spiegelt das Macke-Haus

Als Elisabeth Erdmann-Macke 1914 Witwe wird, ist sie 27 Jahre alt und Mutter von zwei kleinen Söhnen. Damit die Kinder den Vater nicht vergessen, beginnt sie bereits im Jahr darauf, ihre *Erinnerung an August Macke* niederzuschreiben. Bildgewaltig schildert sie die Entwicklung ihrer Liebe vor dem Hintergrund des Bonns der Jahrhundertwende. Sie ist 15, er 16, als sie sich auf dem Schulweg zum ersten Mal begegnen. Später treffen sie sich heimlich, unternehmen Spaziergänge durch Bonn und die Umgebung und kommen sich allmählich näher.

»Unsere liebsten Wege waren die auf die Dörfer nach dem Vorgebirge zu, durch die Gemüsefelder von Endenich und Dransdorf. Man sieht das weite von Feldern wie Stoff karierte Land daliegen, und wenn das Wetter ganz klar ist, kann man fern am Horizont zwei scharfe dunkle Spitzen wie Nadeln erkennen, die Türme vom Kölner Dom. In der Nähe die leichten Höhen des Venusberges und des Kreuzberges mit der schönen alten Kirche. Wir liebten diese heimatliche Landschaft mit wahrer Inbrunst […]

Unser liebstes Dörfchen war Meßdorf. Es lag mit seinen wenigen Häusern zwischen Büschen und Obstbäumen versteckt, im Frühling war es ein Blütenmeer. Ein kleiner Bach floß am Dorf entlang, zwischen einem Gebüsch von Weiden und Brombeeren versteckt. Wie oft haben wir dort aneinandergelehnt gesessen! Manchmal nahmen wir ein Buch mit, und dann las August mit seiner schönen Stimme vor, ich hatte meist Äpfel und Birnen in der Tasche, und die schmeckten uns dann köstlich da draußen. Es war wie unsere Heimat, und wenn wir da im Grünen lagen, dünkten wir uns so reich; alle Wirklichkeit der Städte und Menschen, die unserem eigenen Fühlen oft hart und kalt schienen, war versunken. Wir lebten ganz im Einklang mit der Natur.«

Elisabeth Gerhardt und August Macke heiraten im Oktober 1909. Das folgende Jahr verbringen sie am Tegernsee, wo ihr erster Sohn zur Welt kommt. 1910 ziehen sie zurück nach Bonn.

Im Haus, in dem August Macke lebte, werden die Erinnerungen seiner Frau greifbar

»Bonn – der laue, regnerische rheinische Winter, nebelige Tage, schwere Luft. Die kleine Stadt mit ihren Menschen, wo der eine sich um den anderen kümmert, wo man Rücksicht nehmen muß aus tausend Gründen. […]

Wir wohnten die ersten Monate noch im väterlichen Haus bei Mutter, Großmutter und Bruder, in das durch unseren kleinen Walter wieder frohes Kinderleben einzog. Man mußte sich wieder aneinander gewöhnen. August mit seinem immer anregenden Geist steckte alle an. Er hatte vorerst noch keine rechte Ruhe, größere Arbeiten zu beginnen, da er keinen geeigneten Raum dazu hatte. Die Arbeiten am Ausbau des Ateliers in unserem zukünftigen kleinen Haus nebenan beschäftigten ihn sehr, und täglich war er drüben, um nach dem Rechten zu sehen und alles zu beaufsichtigen. Es sollte alles so bequem wie möglich werden, ohne daß es zuviel Unkosten und Umbauereien verursachte. Das Atelier war für ihn natürlich die Hauptsache, es hatte große Fenster nach drei Seiten und ein großes Oberlicht. Man konnte weit in die Gegend sehen, die Ringstraße hinauf fast bis zur Kölner Chaussee mit dem Turm der Irrenanstalt. Es war eine belebte Straße, die täglich anregende Bilder bot: Kinder, die in langen Reihen zur

Schule zogen, Soldaten, die zur Kaserne marschierten, Husaren auf ihren Pferden, Reiter, viele Lastwagen, Marktwagen hochbeladen mit Körben. In der Nähe war das Industrieviertel, dessen pulsendes Leben August stets liebte. Die Bahn war nicht weit, die Rheinuferbahn nach Köln vor der Türe, die Viktoriabrücke, die über die Bahn führte, gleich vor dem Haus. Vom Atelierfenster aus der Blick auf die Marienkirche, die, von Vorstadthäusern umgeben, jeden Tag in anderer Stimmung sich zeigte. Alles Motive, die in seinem Schaffen immer wieder vorkommen und die er oft und jedesmal anders geschildert hat.«

Vier Jahre leben sie im gemeinsamen Haus, ihr zweiter Sohn wird geboren. Sie unternehmen zahlreiche Reisen, August Macke ist sehr produktiv. Seine Gemälde geben die Eindrücke dieser Jahre wieder. Zu Beginn des Ersten Weltkriegs meldet sich August Macke als Freiwilliger. Bereits am 8. August wird er eingezogen. Er fällt am 26. September 1914 an der Westfront. Als Elisabeth Macke Witwe wird, existieren von ihr mehr als 200 Porträts, Zeichnungen und Gemälde – in all den Jahren war sie ihrem Mann wichtigstes Modell gewesen.

1916 heiratet sie erneut: August Mackes Freund, den Publizisten Lothar Erdmann, der 1939 verhaftet und im Konzentrationslager Sachsenhausen ermordet wird. Elisabeth Erdmann-Macke bleibt nach dem Tod ihres ersten Mannes in dem gemeinsamen Haus wohnen, zieht jedoch 1925 mit ihrer Familie nach Berlin. 1948 kehrt sie nach Bonn zurück und richtet sich im ehemaligen Atelier August Mackes eine kleine Wohnung ein, in der sie bis 1976 lebt. 1978 stirbt sie im Alter von 90 Jahren. In dem einstigen Wohnhaus der Familie Macke befindet sich heute ein Museum.

AUGUST-MACKE-HAUS
BORNHEIMER STRASSE 96
53111 BONN
WWW.AUGUST-MACKE-HAUS.DE

36 »Bonn hat mir keine Heimat gegeben«

Ruth Schiefenbusch fand im Ensemble »Volxbühne« eine Familie

An mindestens zwei Abenden pro Woche fährt Ruth Schiefenbusch von Köln nach Bonn, um im *Südbahnhof* auf der Bühne zu stehen. Hinzu kommen die Tage und Abende, an denen sie probt. Doch genau genommen steht sie gar nicht auf der Bühne, sondern mitten im Publikum. Das Ensemble der *Volxbühne* ist nämlich ein Theater ohne Bühne.

Seit Februar 2015 inszenieren fünf Schauspieler zwischen Kneipentischen Stücke, deren Rechte frei sind. Tantiemen würden die finanziellen Möglichkeiten des Ensembles übersteigen. »Wir leben aus dem Hut«, erklärt Ruth, »und das tun wir sehr bewusst. Wir wollen gar keine Förderung.« Schauspielkollege und Regisseur EnnE fügt hinzu: »Oft haben freie Theater die gleichen Strukturen wie Stadttheater und die gleichen Ziele. Wir sind das einzige wirklich freie Theater in Bonn.« Im Anschluss an jedes Stück entscheiden die Zuschauer selbst, wie viel ihnen das Spiel wert war. Bei einer Publikumsgröße von 20 bis maximal 50 Personen freut sich das Ensemble, wenn durchschnittlich zehn Euro im Hut landen. »Uns ist wichtig, dass auch Menschen, die kein Geld haben, Theater sehen. Daher gibt es keine Regeln, wie viel sie zahlen müssen.« Es komme sogar vor, dass jemand 50 Euro in den Hut legt. »Manche Menschen geben mehr, als sie je für eine Theaterkarte zahlen würden.« Das Geld wird im Ensemble gerecht geteilt. Manchmal kommt gerade genug zusammen, um die Fahrtkosten nach Köln einzuspielen.

Ruth schloss ihre Schauspielausbildung 1982 am Theater *Der Keller* in Köln ab. Den Schauspieler und Regisseur Christoph Pfeiffer lernte sie 1997 in der *Brotfabrik* kennen, wo sie in *Gerichtet, Gerettet, Gretchen*, Pfeiffers Adaption von Goethes *Faust*, Gretchen und Mephisto verkörperte. Es folgten Inszenierungen in der *Brotfabrik*, am *Eurotheater Central* und an Bühnen in ganz Deutschland.

Später arbeitete sie mit zwei aus Bonn bekannten Schauspielkollegen, EnnE und Guido Grollmann, sowie mit Pfeiffer gemeinsam im Theater *Die Pathologie*, »bis der *Südbahnhof* uns 2015 ein neues Zuhause gab«, erzählt Ruth. Mit Dramaturgin Vanja Simeonova wechselten die vier die Bühne und schlossen sich zum festen Ensemble zusammen.

Das Ensemble der Volxbühne *spielt an der Theke* Faust, der Rapper

Dieser Wechsel erwies sich als großartige Chance: »Jetzt arbeiten wir als gleichwertiges Team.« Gemeinsam suchen sie die Stücke aus, verteilen die Rollen und diskutieren die Inszenierung. »Man hat mehr Möglichkeiten, wenn man sich austauscht«, erklärt Ruth. Ihr ehemaliger Lebensgefährte und Schauspiellehrer in Aachen hat ihnen mit »unserem Küken Yael« ein weiteres Ensemblemitglied vermittelt. Auch Irene, »das Mädchen für alles«, gehört dazu.

Sie verstehen sich als anarchistisches Brecht-Ensemble, das sich mit dem Publikum auf Augenhöhe sieht. »Wir wollen keine Bühne nach dem Guckkastenprinzip«, sagt EnnE. »Selbst wenn es wahnsinnig schwer ist, zugleich Nähe zum Publikum zu schaffen und die Illusion des Theaters zu halten.« »Es ist aber auch ein sehr großer Reiz!«, ergänzt Ruth. Ob sie mit Yael Anspach Zilles *Hurengespräche* spielt oder mit EnnE, Yael und Guido die Goethe-Adaption *Faust, der Rapper*: Immer binden die Schauspieler die Kneipenbesucher in ihr Spiel ein. »Es kann sehr schwierig sein, wenn nichts zurückkommt«, seufzt Ruth. Besonders an jedem ersten Dienstag im Monat ist das Ensemble auf die Mitarbeit des Publikums angewiesen. Dann findet nämlich der *Volxopen* statt – ein Improvisationsabend, an dem literatur- und kulturbegeisterte Zuschauer eingeladen sind, sich einzubringen. »Ob selbst verfasste Gedichte oder selbst erarbeitete Rezitationen – hier sollen die Zuschauer uns demonstrieren, welche Stücke sie mögen.« Die Einnahmen dieser Abende kommen zu 100 Prozent der *Volxbühne* als Gruppe zugute. Denn seit Januar 2016 zahlt das Ensemble Miete für einen kleinen Kellerraum.

Dort geht es traditioneller zu. Im ehemaligen Kohlenkeller haben zehn Zuschauer in zwei Reihen vor einer etwa zehn Quadratmeter großen Fläche Platz. Auch hier ist der Zuschauer nah dran, wird in das Spiel eingebunden, doch ähnelt die räumliche Gestaltung eher der Guckkastenbühne. Hier haben die Schauspieler die Möglichkeit, sich während des Spiels in ihre Stücke zurückzuziehen und die vierte Wand imaginär zu errichten. Christoph Pfeiffer, der sich nur ungern von Ruth als Kopf der *Volxbühne* bezeichnen lässt, erläutert: »Kneipe und Kohlenkeller sind zwei Spielstätten, in denen ganz unterschiedliche Energie entsteht. Wichtig ist, dass diese sich wechselseitig befruchten.« Durch die Bühne hoffen sie zugleich auf mehr Zuschauer.

Obschon Ruth ebenfalls an Bühnen anderer Städte spielt, als Sprecherin für den *WDR* und die *Deutsche Welle* in Köln arbeitet und bundesweit filmt, tritt sie mehrmals in der Woche den Weg nach Bonn an. Hierhin umziehen würde sie aber nicht. »Bonn hat mir keine Heimat gegeben«, bedauert Ruth. »Vielleicht ist die Stadt mir einfach zu provinziell, um hier zu leben. Köln ist zwar auch Provinz, aber Bonn ist noch mehr Provinz.« Die häufigen Fahrten nimmt sie gerne in Kauf. »Schließlich komme ich jetzt, um mein Ensemble zu sehen. Das ist meine kleine Theaterfamilie. Es gibt mir ein winziges Stück Heimat mitten in Bonn.«

VOLXBÜHNE
IM SÜDBAHNHOF
ERMEKEILSTRASSE 32
53113 BONN
WWW.VOLXBUEHNE-BONN.DE

37 Der Traum vom Aufstieg

Gordon Addai trainiert hartnäckig im Sportpark Nord

Für viele Fußballer des Bonner Sportclubs (BSC) war es einer der Höhepunkte ihrer Karriere: das stimmungsvolle Nachholspiel bei Flutlicht an einem Mittwochabend in der Saison 2008/2009 bei der SG Wattenscheid im Lohrheidestadion in Wattenscheid. Es war die große Chance auf den Aufstieg, die sie mit einem Ergebnis von 3:0 klar für sich entschieden. Damit konnte die Mannschaft in die NRW-Liga aufsteigen und in der folgenden Saison in der Regionalliga West spielen.

Gordon Addai denkt gerne an diese Zeit zurück. »Die Mannschaft jener Saison wurde zur stärksten des BSC überhaupt – auch charakterlich«, erzählt er. »Der Verein hatte jahrelang viel Geld investiert, um aufzusteigen.« Der Trainer Wolfgang Jerat habe eine Mannschaft aus 22 ganz unterschiedlichen Spielern aus verschiedenen Mannschaften und Ligen zusammengestellt, die sich besonders erfolgreich schlug. Denn im Fußball komme es eben nicht nur auf die sportlichen Qualitäten an, ist Addai überzeugt. »Der springende Punkt beim Mannschaftssport ist doch, wie sehr jeder Einzelne das gemeinsame Ziel verfolgt.« Dazu gehöre es, manchmal auf der Bank zu sitzen. Für ihn selbst war es nicht leicht, das einzusehen. Denn Gordon Addai spielt mit Leidenschaft Fußball.

Der 1982 geborene Ghanaer wuchs bei seinem Vater in Ghana auf, bis die Mutter ihn zu sich nach Koblenz holte, wo sie in der Bundeswehrkaserne arbeitete. Sie sah in Deutschland bessere Chancen für ihren Sohn. Seither bestimmt der Fußball sein Leben.

In der Saison 1998/1999 stellte ein Freund ihn Toni Klevenhaus vor, dem damaligen Trainer des BSC. Nach einer Woche intensiven Probetrainings stand fest, dass Gordon bleiben würde. Von da an fuhr er viermal pro Woche nach der Schule mit dem Zug zum Training im Sportpark Nord. Der ist noch heute sein zweites Zuhause, vor allem wenn zum Training die Spiele an den Wochenenden hinzukommen.

Die Schule besuchte Gordon bis zur mittleren Reife quasi nebenbei, auch die spätere Ausbildung war für ihn Nebensache. Im Zentrum stand immer der Fußball. Während Gleichaltrige auf Partys

Gordon Addai spielt mit vollem Einsatz

gingen und ihre Jugend genossen, trainierte Addai. »Der Traum von der großen Karriere erfordert viel Leidenschaft und Disziplin«, sagt er. »Der Gemeinschaftssport hält von vielen Dingen ab, doch gibt einem auch viel.« Nicht zuletzt Freundschaften. So habe er nie das Gefühl gehabt, etwas zu verpassen. Bis heute weiß er, dass er für sich immer alles richtig gemacht hat.

Nachdem der BSC eine Saison in der Regionalliga West gespielt hatte, führten finanzielle Probleme im Jahr 2010 zum Zwangsabstieg. Die Sponsoren sprangen ab, es folgte die Insolvenz. Dem Einsatz einzelner treuer Anhänger, Unterstützer und Aktiver ist es zu verdanken, dass der Verein schon in der Folgesaison auf das Fußballparkett zurückkehren durfte. Nach dieser Zwangspause spielt Addai nun seit der Saison 2012 wieder für den Aufstieg. Inzwischen hat er die Dreißig überschritten und gelernt, dass Egoisten es im Mannschaftssport nicht weit bringen. »Eigentlich war ich immer variabel im Offensivbereich einsetzbar«, erklärt er. Da ihm dies bewusst gewesen sei, »wurde ich anfangs schnell sauer, wenn ich nicht spielen durfte.« Er grinst. »Es hat ein wenig Überzeugungskraft durch den Trainer Jerat gekostet, bis ich eingesehen habe, dass ich von der Bank aus sinnvoll einsetzbar bin und neue Akzente im Spiel setzen kann.« Auf diese Weise habe er vielen Spielen zu einem späten Zeitpunkt noch eine Wendung geben können.

Vor allem das entscheidende Spiel 2008/2009. Erstmals war die Mannschaft bereits am Vorabend angereist. Im Hotel schauten sich die Spieler zur Vorbereitung DVD-Aufzeichnungen früherer Spiele an. Nicht nur diese gemeinsame Erfahrung vorab, sondern auch eine große Party nach dem Sieg habe den Teamgeist maßgeblich gestärkt. Eine ähnliche Auswirkung habe ein Trainingslager gehabt, das der BSC in der folgenden Winterpause in der Türkei absolvierte.

Zwar stand zuerst Disziplin – zumindest theoretisch – auf der Tagesordnung. Zweimal täglich Training, um 22 Uhr Nachtruhe. Addai grinst: »Mit uns teilten etwa 50 russische Models anlässlich einer Tagung das Hotel. Mit der Disziplin hat es daher nicht so gut funktioniert, aber wir – 24 junge Männer – hatten eine unvergessliche Zeit.«

Doch Addai erlebte mit dem BSC nicht nur Erfolge. Eine der schlimmsten Niederlagen musste die Mannschaft im eigenen Stadion verkraften. Im Endspiel um den Mittelrheinpokal ging es um Zuschüsse des DFB in Höhe von 100.000 Euro. Gegen Germania Dattenfeld (heute Germania Windeck) führte die Mannschaft in der 90. Minute mit 2:1, sodass sich alle schon als Sieger fühlten. Die Presse wurde telefonisch von dem Triumph in Kenntnis gesetzt, als in der letzten Minute der Nachspielzeit doch noch das Ausgleichstor fiel. »In diesem Moment standen wir alle völlig unter Schock.« Der Schock lähmte – und das Elfmeterschießen ging 3:5 verloren. Doch auch diesen Fauxpas verziehen die BSC-Getreuen ihrer Mannschaft. »Inzwischen sitzen wieder 500 Fans jedes Wochenende auf den Rängen.« Sie werden belohnt: 2016 gelingt der Aufstieg.

BONNER SPORT-CLUB 01/04 E. V.
SPORTPARK NORD
KÖLNSTRASSE 250
53117 BONN
WWW.BONNER-SC.DE

38 »Ich möchte mit Menschen musizieren!«

Dorothee Henneberger gründete die gleichnamige Musikschule

Wenn Dorothee Henneberger von der Bedeutung der Musik für ihr Leben berichtet, ist es, als dirigiere sie einen Chor. Sie lächelt, ihr Gesicht leuchtet, temperamentvoll unterstreicht sie ihre Erzählung mit Gesten, und ihr Tonfall drückt aus, was sie vermitteln möchte: Freude an der Musik.

Bereits als junges Mädchen weiß sie, dass Musik ihr Lebensinhalt und ihr berufliches Ziel ist. Mit 25 Jahren – die Tinte auf dem Diplom ist kaum trocken – eröffnet sie ihre Musikschule in der Bonner Altstadt. Die Liebe zur Musik entdeckte sie in der Kirche ihres Heimatdorfes. Genauer: im dortigen Kirchenchor. Mit sieben bekam sie Klavierunterricht. Mit zehn sang sie im Erwachsenenchor. Als Teenager leitete sie den Kinder- und Jugendchor der Kirche. »Die Messfeiern waren mir zu wenig fröhlich«, erinnert sie sich. »Ich wollte Freude hineinbringen. Von Liturgie hatte ich damals zwar noch keine Ahnung. Doch ich gestaltete alles so, wie es mich ansprach.«

Zu Hause übte Dorothee auf dem alten Klavier ihres Urgroßvaters, das noch Kriegsspuren aufwies. Als das Zeitalter der elektronischen Musik anbrach, entdeckte sie die elektronische Orgel für sich. »Das war mein Ding. Hiermit konnte ich meinen eigenen Groove mit Bass, Harmonie und Schlagzeug erzeugen.« Ihr Lehrer, der Dorothees Begabung für den Umgang mit Menschen entdeckt hatte, erlaubte ihr manchmal, ihn zu vertreten. Diese prägenden Erfolgserlebnisse hatte Dorothee in einer Yamaha-Musikschule.

Das Konzept dieser Schulen basiert auf der Überzeugung, dass die Musikalisierung von Klein- und Kleinstkindern für deren musischen und intellektuellen Werdegang eine grundlegende Bedeutung besitzt. In der Entwicklung des kindlichen Gehörs vollzieht sich zwischen dem vierten und sechsten Lebensjahr ein qualitativer Sprung, der für Spracherwerb und musikalische Ausbildung gleichermaßen wichtig ist. Kinder sollen die Musik spielerisch entdecken und können ein Instrument wie eine Sprache erlernen. Folglich beginnt die Musikerziehung im frühkindlichen Alter und orientiert sich an den Phasen des Spracherwerbs.

Henneberger organisiert und dirigiert eine große Aufführung mit verschiedenen Altersklassen

»Kinder standen für mich immer im Mittelpunkt des Geschehens«, sagt Henneberger. »Wenn Erwachsene mit Kindern zusammen sind, entspannen auch sie beim Musizieren.« Dieses pädagogische Konzept war ihr Berufung. Zu beantworten blieb lediglich die Frage: »Was wird an der Tür meiner Musikschule stehen?«

Henneberger studierte Elementare Musikerziehung mit dem Hauptinstrument Klavier und elektronische Tasteninstrumente am *Hermann-Zilcher-Konservatorium* in Würzburg, das mit der Hochschule für Musik fusionierte. Der Umzug in die liebevoll gepflegte Flussstadt, in der die Welt noch in Ordnung schien, war wie eine Urlaubsreise. ›Die Leute hier wissen gar nicht, was in der Welt los ist‹, dachte sie. In einer Stadt wie dieser wollte sie ihre eigene Musikschule eröffnen. »Manchmal bereue ich, dass ich meine Studienzeit nicht intensiver ausgekostet habe. Doch ich setzte all meine Energie hinein, meine Schule zu eröffnen.« So suchte sie »mein Würzburg außerhalb Würzburgs. Eine Stadt, die dieser glich, wo es aber noch keine Yamaha-Schule gab. Mir war wichtig, dass alles da ist: ein Fluss, alte Architektur, Kunst, Geschichte, Tradition und Moderne, doch alles sollte überschaubar da sein, sodass es immer noch behaglich war.« Wie in Bonn.

Hier übernahm sie 1991 die Niederlassung der alteingesessenen Schule *Braun-Peretti*. »Ich kam von der Hochschule, war selbst noch ein halbes Kind und hatte plötzlich Angestellte, die doppelt so alt waren wie ich. Ich war so naiv. Als Erstes schrieb ich den Lehrern einen Brief: ›Neue Besen kehren gut.‹ Das muss man sich vorstellen.« Sie lacht ungläubig bei dieser Erinnerung. Bei aller Naivität sei sie jedoch authentisch geblieben und habe so ihren Weg gefunden. Mithilfe ihres Vaters und einer Freundin renovierte sie das Gebäude, das einen Kammermusiksaal und zwölf Unterrichtsräume beherbergte, malte Piktogramme auf den Parkplatz und legte los, ohne die Dimension ihres Tuns immer voll zu überblicken. Auch die der Schulden nicht, die sie gemacht hatte.

»Was mir geholfen hat, war das Leben mit Musik. Es berührt mich, wenn ich spüre: Hier ist das Erleben!« Mittlerweile ist sie mit der Musikschule umgezogen und beschäftigt zwischen 30 und 35 Lehrerinnen und Lehrer. Viele davon begleiten sie seit vielen Jahren. »Wenn sich Lehrer bei mir vorstellen, ist es immer eine persönliche Entscheidung. Auch dabei muss es einen Moment geben, der berührt.« Dann können die Lehrer zu Lernpartnern für sie und ihre Schüler werden.

Inzwischen steht Dorothee Henneberger vor neuen Herausforderungen: Durch die Ganztagsschulen bleibt weniger Kindern Zeit, um Musikunterricht zu nehmen; immer mehr Eltern arbeiten Vollzeit und können ihre Kinder an den Nachmittagen nicht begleiten. »Wir entwickeln neue Konzepte und Ideen und meistern auch diese Herausforderungen. Wichtig ist, dass ich immer den Kontakt zu den Menschen behalte und spüren kann, dass ich ihnen meine Freude an der Musik vermittele.«

MUSIKSCHULE HENNEBERGER
BRÜHLER STRASSE 26
53119 BONN
WWW.MUSIKSCHULE-HENNEBERGER.DE

Köttermann-Emulgator
Liter

39 Eierlikör in fünfter Generation

William Verpoorten hält die Stellung am Potsdamer Platz

Seine Mutter stammte aus München, der Vater aus Berlin. Bis 1920 befand sich der Firmensitz am Gründungsort in Heinsberg bei Aachen. Später zog die Firma um nach Berlin, in Straubing entstand eine Zweigstelle. Damit nennt die im Jahre 1876 gegründete Firma *Verpoorten* die verschiedenen Himmelsrichtungen Deutschlands ihr Zuhause. William Verpoorten jedoch, der aktuelle Firmeninhaber in der fünften Generation, fühlt sich ganz als Bonner. Die Stadt ist seine Heimat, und der bleibt er treu.

Die weltweit bekannte Eierlikörmarke blickt auf eine lange Familientradition zurück. Vor mehr als 140 Jahren legte Eugen Verpoorten den Grundstein – nicht ahnend, dass sein Name einst zum Inbegriff des Eierlikörs schlechthin würde. Er stellte zunächst vielerlei Spirituosen in allen möglichen Geschmacks- und Farbrichtungen her. Da sich jedoch der Eierlikör am besten verkaufte, gab der Firmengründer die Produktion der anderen (hoch)prozentigen Getränke wieder auf. *Verpoorten* blieb fortan eines: Eierlikör. Mit der Spezialisierung wuchs der Absatz und stieg der Erfolg. Auch heute noch wird der Eierlikör nach dem Originalrezept hergestellt und in 30 Länder exportiert.

1952 entschied sich Viktor Verpoorten, Firmeninhaber der vierten Generation, für Bonn als neuen Firmensitz. In den Wirtschaftswunderjahren war es wichtig, einen strategisch günstigen Platz in der Mitte Deutschlands für das florierende Unternehmen zu wählen. Dieser sollte in der Nähe des Flaschenlieferanten, des Glaswerks *Gerresheim* in Düsseldorf, und nicht weit entfernt von den Bauern als Lieferanten des wichtigsten Rohstoffs, des Eigelbs, liegen. Das Grundstück bot die Stadt Bonn an. »Welcher Ort könnte besser geeignet sein als der Potsdamer Platz 1 – direkt am Verteilerkreis der A 555 als damals größter deutscher Autobahn mit bester Anbindung nach Koblenz, Frankfurt, Köln, Aachen und in den Benelux-Raum?«, meint William Verpoorten. Sein Vater nahm das Angebot an. Der neue Firmensitz entstand und wuchs.

William Verpoorten wurde 1956 als erster Sohn der Familie in Bonn geboren und verbrachte schon als Kind so manche Stunde am

Verpoorten geht mit der Zeit: Der alte Köttermann-Kessel aus der Nachkriegszeit ziert heute den Firmeneingang.

Potsdamer Platz. Wenn sein Vater ihn und die Geschwister am Wochenende mal ins Büro mitnahm, spielten sie dort. Besonders eine Ampelschaltung an der Bürotür seines Vaters bereitete ihnen Freude: Sie zeigte Rot, wenn der Vater im Gespräch war, und sie sprang auf Grün, wenn die Kinder eintreten durften. Gerne experimentierte der kleine William auch mit dem Telex der Sekretärin. Lächelnd erinnert er sich heute an dieses beinahe vergessene Kommunikationsmittel. Inzwischen bedient er sich modernerer Methoden und Medien, denn Kommunikation und Marketing hält er für zentrale Säulen seines Erfolgs.

Das Image des Eierlikörs als Lieblingsgetränk für Großmütter und Tanten reicht ihm nicht aus. Über Fernsehen, Internet oder die sozialen Netzwerke Facebook und Youtube erreicht er ein junges Zielpublikum. Indem er das Design der Flaschen stetig, doch sanft aktualisiert, geht er mit der Mode und sichert dennoch den Wiedererkennungswert. Passend zum 140. Jahrestag der Firmengründung wurde eine limitierte Retroedition kreiert. Rund um das Hauptprodukt Eierlikör entstehen neue Lizenzprodukte, und Verpoorten setzt auf Kooperationen mit den Herstellern anderer Produkte. »Es ist wichtig, dass wir mit der *Zeit* gehen. Sonst *geht* man mit der Zeit.« So garantiert er den Erfolg in der Zukunft und wahrt zugleich die Firmentraditionen seiner Vorväter. Für ihn gab es nie einen Zweifel daran, dass er mit dem Namen einen Auftrag geerbt hatte und eines Tages die Firma übernehmen und leiten würde. Er wuchs in das Unternehmen hinein, das für ihn so selbstverständlich zu Bonn gehört wie er selbst.

Die Tage der Bonner Republik seiner Kindheit und Jugend hat er noch in lebendiger Erinnerung. Auf dem Venusberg, wo er lebte, wohnten Willy Brandt, Walter Scheel und Heinrich Lübke. Unweit seines Elternhauses befand sich das Gästehaus des Auswärtigen Amtes. »Ich sehe noch heute die Fahrzeuge vom Bundesgrenzschutz vor mir, die an unserem Haus vorbeifuhren«, erzählt Verpoorten. Seit dem Umzug der Regierung nach Berlin habe sich das Stadtbild stark verändert. Da die Mehrzahl der Ministerien umgezogen ist, habe vor allem die Polizeipräsenz abgenommen. Doch mit den Vereinten Nationen sei Bonn internationaler geworden und keinesfalls langweilig.

Ein Umzug nach Berlin kommt für ihn nicht infrage – im Gegenteil. Wie die Stadt sich mit der Situation wandelt, passt auch er sich den neuen Bedingungen an. Während Ministerien sich in Berlin niederließen, schloss Verpoorten dort 1994 seine Zweigstelle und erweiterte stattdessen das Bonner Firmengelände. »So ist auch die Geschäftsstelle des Spirituosenverbandes weiterhin in Bonn geblieben, denn die wichtigsten Ministerien befinden sich nach wie vor in Bonn«, sagt der Firmeninhaber. »Kurze Wege sind auch bei der Verbandsarbeit hilfreich«, erklärt er. Ein pragmatischer Umgang mit den alltäglichen Anforderungen ist für ihn wichtig. Ganz so, wie man es im Rheinland gemeinhin handhabt – typisch bönnsch.

VERPOORTEN GMBH & CO. KG
POTSDAMER PLATZ 1
53119 BONN
WWW.VERPOORTEN.DE

adidas

40 Nach den Spielen ist vor den Spielen

Lena Schöneborn startet für den SSF Bonn bei Olympia

Die junge Frau, die das Café betritt, trägt einen grauen Pullover, Jeans und Turnschuhe. Die Haare sind zum Pferdeschwanz gebunden, sie ist nur leicht geschminkt. Kaum etwas erinnert an die Frau im Abendkleid, die wenige Tage zuvor im Fernsehen zu sehen war, als sie von 3.000 Fachjournalisten mit dem dritten Platz als Sportlerin des Jahres 2015 ausgezeichnet wurde.

Es ist nicht die erste Auszeichnung dieser Art, doch nach dem olympischen Gold 2008, mehreren Europameistertiteln sowie einem Weltmeistertitel 2015 und 2016 kann wohl kaum eine Medaille Lena Schöneborn aus der Fassung bringen. Trotz ihrer Erfolge hat sie die Bodenhaftung nicht verloren. In doppeltem Sinne – denn auch am neuen Wohnort Berlin ist sie ihrer Heimat treu geblieben und startete auch bei Olympia 2016 für die *Schwimm- und Sportfreunde Bonn 1905 e. V. (SSF).* »Den persönlichen Rückhalt in Bonn und den Heimatbezug will ich nicht aufgeben.«

Streng genommen ist sie Niederkasselerin, doch der Zufall bzw. die kleinstädtische Sanierungspolitik hat ihr die Mitgliedschaft im Bonner Verein beschert. Denn bei der Renovierung des örtlichen Schwimmbads wurden aus geplanten drei Monaten zwei Jahre, weshalb die damals Zwölfjährige nach Bonn auswich.

Der nächste Zufall brachte sie mit den Fünfkämpfern im selben Schwimmbad zusammen. Die ohnehin als vielseitig geltende Lena begeisterte sich bald für diese Sportart und trainierte fortan fünf Disziplinen auf Leistungsniveau.

Den modernen Fünfkampf hat kein Geringerer als Pierre de Coubertin, der Initiator der Olympischen Spiele der Neuzeit, ins Leben gerufen. Er besteht aus den Disziplinen Pistolenschießen, Degenfechten, Schwimmen, Springreiten und Querfeldeinlauf. Für Lena Schöneborn ist »das Schöne im Fünfkampf, dass man die Möglichkeit hat, die eigenen Ressourcen so auf die Disziplinen aufzuteilen, dass man die Stärken nutzt und mehr Punkte bekommt.«

Beim Fechten tritt man nicht immer gegen lebende Partner an

Ihre Vorliebe gehört – neben dem Laufen – dem Fechten. »Die Fechttreffer, die ich setze, besitzen ein vergleichsweise höheres Gewicht als zwei Sekunden im Schwimmen, für die ich mich auf den Kopf stellen müsste.« Noch heute ist sie dem Fechtverein dankbar, dass sie den Fechtsaal nutzen durfte, ohne dem Verein beizutreten, und dort manche Trainingseinheit mit Spezialisten absolvieren konnte. »Hier erfuhr ich viel Anerkennung und positiven Zuspruch, wenn ich nach drei vollendeten Trainingseinheiten abends noch ein weiteres Training anschloss.« Ihre schnellen Erfolge im SSF verdankt Lena nicht zuletzt ihrem Trainer. »Er hat mir eine einzigartige Besonderheit beigebracht, die ich bis heute beibehalte. Zwischen den Einzelwettkämpfen gucke ich nicht auf die Ergebnislisten und vergleiche, sondern konzentriere mich nur auf meine eigene Leistung.«

Diese Fähigkeit zur Konzentration auf einzelne Schwerpunkte, ohne das große Ganze zu vernachlässigen, zeigt Lena auch jenseits des Sports: Ihr Abitur, ein BWL-Bachelor- sowie ein Masterstudium im Internationalen Marketing absolvierte sie quasi nebenher. Schon im Elternhaus besaß der Sport einen hohen Stellenwert. »Bei uns hatten alle in der Familie eine sehr aktive Freizeitgestaltung. Es war keine Belastung, wenn der Tag voll ist.«

Heute beginnt ihr Tag meist mit zwei Trainingseinheiten am Morgen, es folgt die Arbeit im Büro, im Anschluss stehen zwei weitere Sportarten an. Das Programm variiert nach Jahreszeit und Zeitpunkt im olympischen Zyklus, denn: »Ich denke in Olympiaden. Nach den Spielen ist vor den Spielen.« Entsprechend organisiert Lena ihre berufliche Entwicklung.

Deswegen gibt sie vor den Spielen ihrem sportlichen Engagement den Vorrang, doch unterbrechen wird sie die Arbeit nicht. »Ich will den Sport immer mit einem anderen Thema kombinieren können, damit mir der Bezug nach außen bleibt.« Nur Sport zu treiben, erschiene ihr zu einseitig. »Ich verliere dadurch in Sachen Training nicht viel, sondern es macht mich stabil und nimmt mir die Ängste für die Zeit nach dem aktiven Sport.«

Diese könnte bald gekommen sein. Doch zunächst konzentriert sich Lena Schöneborn auf die Vorbereitung der Olympischen Spiele – und freut sich darauf. »Es ist unglaublich reizvoll, bei so einer Eröffnungsfeier aus den Katakomben in das Stadion einzulaufen und dort all die Sportler zu sehen, die man sonst nur aus dem Fernsehen kennt. In der olympischen Mensa vergisst man glatt zu essen.« Und so ein Goldmedaillensieg? »Eine empfehlenswerte Erfahrung«, meint sie bescheiden. Sie komme viel herum, lerne interessante Länder und spannende Menschen kennen.

Das schönste Trainingslager, das sie kenne, sei in Colorado Springs. Nicht nur das Training, sondern die Art, wie der Sport gelebt werde, begeistert Lena. »Viele spielerische Kleinigkeiten im Trainingszentrum motivieren einen ganz anders, als es hier oftmals geschieht.« Auch in Moskau oder Budapest besitze der Sport einen anderen Stellenwert. »Es gibt Showelemente und ein größeres Rahmenprogramm bei Wettkämpfen. Insgesamt ist alles viel zuschauerfreundlicher gestaltet. Da hapert es bei uns dran. So stelle ich mir den Sport vor.« Wer weiß? Vielleicht wird das Lenas Aufgabe nach den Spielen.

SCHWIMM- UND SPORTFREUNDE
BONN 1905 E. V.
KÖLNSTRASSE 313A
53117 BONN
WWW.SSFBONN.DE

41 »Die Ausgewogenheit macht's!«

Oberbürgermeister Ashok-Alexander Sridharan im Alten Rathaus

Ashok-Alexander Sridharan wurde am 15 Juni 1965 in Bonn geboren und wuchs in Lengsdorf auf. Sein Abitur legte er 1985 am Aloisiuskolleg ab. Er studierte Rechtswissenschaften am Juridicum in Bonn und arbeitete nach dem Zweiten Staatsexamen bei der Stadtverwaltung Königswinter. Er ist verheiratet und hat drei Söhne. Am 13. September 2015 wurde Ashok-Alexander Sridharan mit 50,06 Prozent der Stimmen zum Oberbürgermeister der Stadt Bonn gewählt.

Julia Anspach: Herr Sridharan, warum haben Sie sich in einer so schwierigen Zeit entschieden, als Oberbürgermeisterkandidat anzutreten?

Ashok-Alexander Sridharan: Im vorletzten Jahr habe ich in der Zeitung gelesen, welche Erwartungen die Bonner CDU an ihren OB-Kandidaten hatte. Sie suchte einen Juristen mit Verwaltungserfahrung, der sich mit einem kommunalen Haushalt auskennt. Da ich Jurist und seit zwanzig Jahren in der Kommunalverwaltung tätig bin und in den letzten 13 Jahren erster Beigeordneter und Kämmerer einer Kommune war, passte es. Als ich dann gehört habe, dass die CDU offen darüber nachdenkt, jemanden von außen zu holen, habe ich gedacht: »Warum soll ich meinen Hut nicht in den Ring werfen?« Der Fraktionsvorsitzende der CDU im Bonner Stadtrat ist mir zuvorgekommen: Er rief bei mir an und fragte, ob ich als OB-Kandidat antreten wolle. Ich habe ein Wochenende mit meiner Frau beratschlagt, weil die Zeit für die Familie durch so ein Amt stark eingeschränkt wird. Doch ich bin hier geboren und aufgewachsen und habe mein ganzes Leben hier verbracht, sodass schnell klar war, dass ich es gerne machen würde. Und ich habe es seither keine Sekunde bereut.

Wie haben Sie die ersten Monate im Rathaus erlebt?

Nach meinem Amtsantritt fand eine Personalversammlung statt, zu der rund 1.600 Kolleginnen und Kollegen kamen. Ich fand toll, dass so viele kamen und sehr offene Fragen stellten. Auch zu meiner Person. Das hat mir Freude bereitet, weil ich einerseits Chef der Verwaltung bin

Oberbürgermeister Sridharan beim UNO-Gespräch Ende Oktober 2015

und andererseits mit den Kolleginnen und Kollegen ins Gespräch kommen möchte, wenn es um Dinge aus der Verwaltung geht. Ich finde es schön, wenn die Menschen auf mich zukommen. Ich habe mir zum Ziel gesetzt, bis zum Jahresende in jedem Büro einmal gewesen zu sein. Es freut mich, dass das die Menschen freut. Es wird als Interesse wahrgenommen, und genau das ist es auch.

Was war bisher ein Höhepunkt?

Es hat mir Spaß gemacht, mit den Bonnerinnen und Bonnern Karneval zu feiern, und ein Highlight war, den Bundespräsidenten zu besuchen. Wenn Sie mir vor ein paar Jahren gesagt hätten: »Sie werden einmal vor der Villa Hammerschmidt vom Bundespräsidenten empfangen«, dann hätte ich Sie gefragt, ob alles okay ist. Das ist so weit weg. Jetzt habe ich den Bundespräsidenten schon zweimal getroffen. Das ist wirklich etwas Besonderes – auch, dass ich die Bundeskanzlerin getroffen habe.

Politik und Bevölkerung erwarten von Ihnen als ehemaligem Kämmerer, den Haushalt der Stadt zu sanieren. Wie können die Probleme gelöst werden?

Diese Erwartung ist sicherlich da. Wenngleich die Stadt Königswinter bei einem Haushaltsvolumen von 100 Millionen Euro ein strukturelles Defizit von fünf Millionen Euro hat und der Haushalt der Stadt Bonn 1,2 Milliarden Euro mit einem Defizit von 100 Millionen Euro. Die Zahlen sind andere, aber es hilft, wenn ein Oberbürgermeister etwas von kommunalen Haushalten versteht und auf Augenhöhe mit der Verwaltung spricht.

Wir müssen langfristige Maßnahmen treffen. Wir müssen die eigenen Aufgaben und die eigene Effizienz hinterfragen und überlegen, welche Aufgaben wir mit anderen gemeinsam effizienter erledigen können. Deshalb halte ich den Bereich der interkommunalen Zusammenarbeit für besonders wichtig. Da gibt es viel Potenzial. Das fängt bei Baubetriebshöfen an, geht über die Zusammenarbeit im Kultur- und Sportbereich weiter bis in den Bildungsbereich. Die ersten Gespräche mit unseren Nachbarn im Rhein-Sieg-Kreis sind geführt. Aber wir müssen auch größer, in der Metropolregion denken. Insbesondere was Standortfaktoren und Vermarktung anbelangt, müssen wir an Düsseldorf, Aachen, Köln und Leverkusen denken.

Wie stellen Sie sich Bonn in fünf Jahren vor?

Dann blicken wir zurück auf ein tolles Beethoven-Jahr, das wir vom 17. Dezember 2019 bis zum 17. Dezember 2020 gefeiert haben werden, und freuen uns, dass Bonn international nicht nur als Beethovenstadt, sondern auch als familienfreundliche Stadt mit einem enormen Wirtschaftspotenzial und als UN-Stadt bekannt ist. Das sind die drei Schwerpunkte. Das ganze Jahr wird eine konzertierte Aktion sein, zu der wir ein Feuerwerk abbrennen, das weltweit wahrgenommen wird.

Für mich ist es deswegen so wichtig, weil es uns die Gelegenheit bietet zu zeigen, dass Bonn mehr ist als nur Bundesstadt. Wir sind ein hervorragender Wirtschaftsstandort. Bonn liegt an zweiter Stelle hinter München, was den Wert der DAX-Unternehmen anbelangt.

Wie lange können Sie sich vorstellen, Oberbürgermeister zu bleiben?

Ich wäre bereit, es für die nächsten 15 Jahre zu bleiben, da ich denke, dass wir uns für die Haushaltskonsolidierung Zeit nehmen müssen.

Mir scheint, dass viele Institutionen und Organisationen sich von der Stadt finanziell nicht ausreichend unterstützt fühlen …

Ich glaube, dass wir im Bereich der Wertschätzung noch einiges tun müssen. Aber wir können den Menschen nichts vormachen. Wenn die Mittel nicht da sind, muss man darüber reden. Wir sind auf das ehrenamtliche Engagement angewiesen. Ohne die ehrenamtliche Tätigkeit der Organisationen und Privatpersonen könnten wir vieles gar nicht leisten.

Aktuell kommen viele Flüchtlinge nach Bonn. Wie können die integriert werden?

Neujahrsempfang beim Bundespräsidenten

Im Karneval sind die Menschen auf die Flüchtlinge zugegangen und haben sie mit zu den Zügen genommen. Das ist gelebte Integration: Auf die Menschen zugehen, ihnen unser Brauchtum erklären, unsere Verhaltensweisen erklären, aber auch respektieren, dass das eine oder andere nicht mitgemacht werden kann. Das ist gelungene Integrationsarbeit. Das machen die Menschen vor Ort, und das passiert im allgemeinen Leben, da können wir nur Hilfestellungen geben.

Ich denke, dass wir eine sehr interessierte Bevölkerung haben. Wir sehen das an Bürgerinitiativen und Bürgerbegehren, wir sehen das bei der Flüchtlingsfrage. Viele Menschen haben sich gemeldet, um zu sagen, was nicht geht, und um Vorschläge zu unterbreiten, was gehen könnte.

Haben Sie Lieblingsorte in der Stadt?

Das Bonner Münster ist mir sehr wichtig. Dort bin ich mit meiner Frau schon im Studium immer hingegangen, das ist unsere Kirche. Dort ist unser ältester Sohn getauft worden. Vor allem in dieser hektischen Zeit kann man dort im Kreuzgang zur Ruhe kommen. Man ist mitten in der Stadt und findet Ruhe. Der Kreuzgang hat eine einzigartige Ausstrahlung.

Die Kreuzbergkirche ist für mich ein weiterer wichtiger Ort. Ich bin in Lengsdorf am Fuß des Kreuzbergs aufgewachsen. Im Winter bin ich dort immer mit dem Schlitten runtergefahren bis zum Mühlenbach. Ich bin dort aber auch gerne in die Kirche gegangen. Was ich dort so toll finde, ist die Heilige Stiege. Die gibt es sonst nur ein einziges Mal, und zwar in Rom. Sie macht den Kreuzberg zu etwas Besonderem.

Von der Godesburg, in deren Sichtweite ich zur Schule gegangen bin, hat man einen wunderbaren Ausblick auf Bonn. Im Sommer ist es wunderbar, im Bonner Bogen zu sitzen, wenn abends die Sonne scheint, von dort auf den Rhein zu schauen – das ist Urlaubsfeeling pur. Da kann man sich selbst ein bisschen belohnen.

Wo ich außerdem gerne bin, ist Pützchens Markt – weniger wegen der Aussicht oder der Ruhe, sondern weil ich es toll finde, unbeschwert mit den Bonnerinnen und Bonnern zusammen zu sein. Man kann in Bonn nämlich prima feiern, auch wenn man auf der anderen Seite Orte für die Ruhe hat. Das ist es, was ich an Bonn schätze. Die Ausgewogenheit macht's.

Sie sind gläubiger Christ. Finden Sie im Alltag noch Zeit für Ihren Glauben?

Ja, weil ich mir die Sonntage frei halte. Das ist im Karneval nicht immer möglich, aber sonst ist der Sonntag für die Familie da. Das soll auch so bleiben. Wir sind immer sonntags in die Kirche gegangen. Ich mache das nach wie vor und mache das gerne und schöpfe daraus wirklich Kraft. Ich bete regelmäßig und denke, dass mir das Kraft für das Amt gibt.

ALTES RATHAUS
MARKT 2
53111 BONN
WWW.BONN.DE
WWW.SRIDHARAN.DE

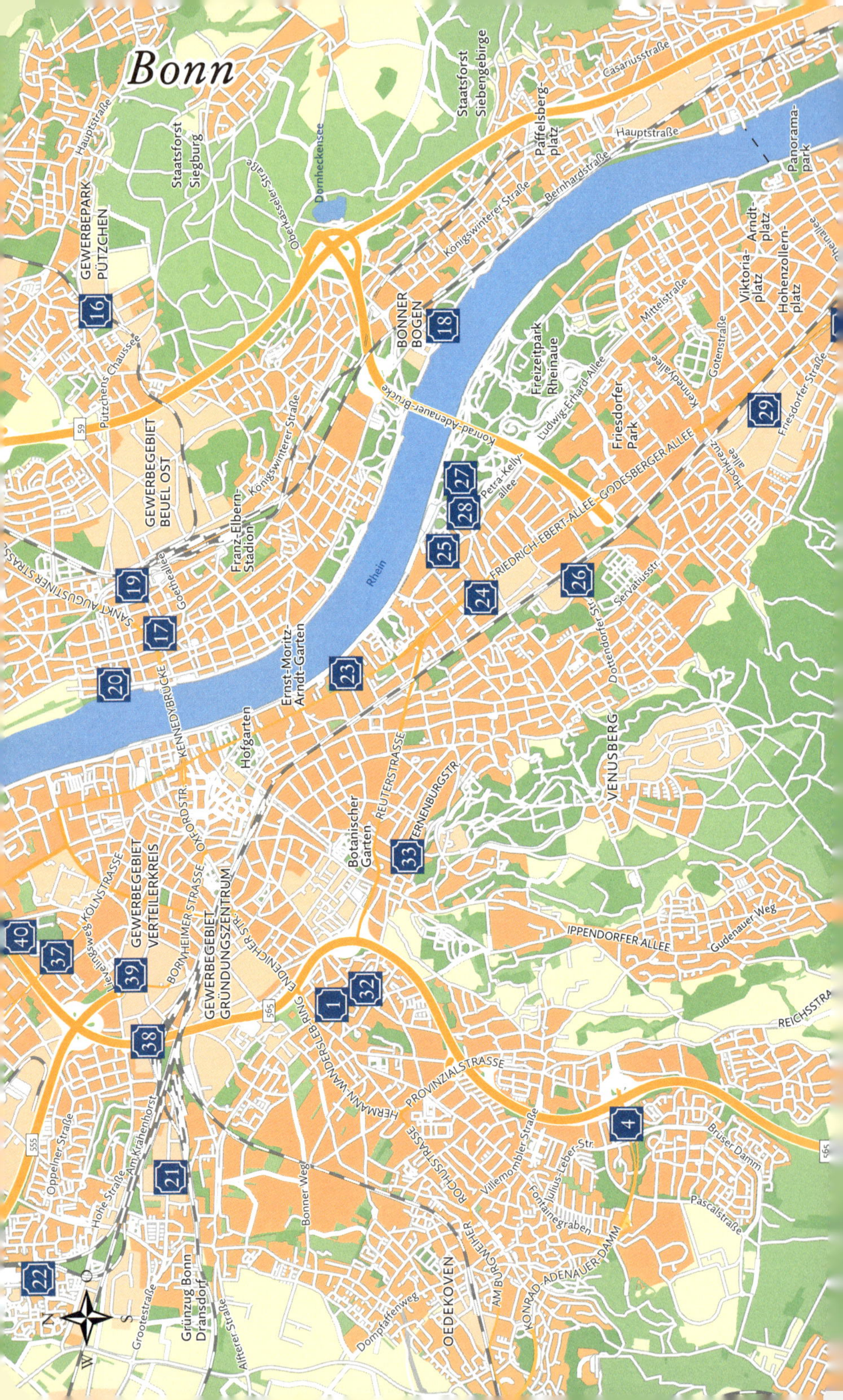

Bonn
Hauptstraße
GEWERBEPARK PÜTZCHEN
16
Staatsforst Siegburg
Oberkasseler Straße
Dornheckensee
Staatsforst Siebengebirge
Paffelsberg-platz
Casariusstraße
Hauptstraße
Panorama-park
Königswinterer Straße
Bernhardstraße
BONNER BOGEN
18
Viktoria-platz
Arndt-platz
Hohenzollern-platz
Mittelstraße
Gotenstraße
Kennedyallee
Freizeitpark Rheinaue
Ludwig-Erhard-Allee
Friesdorfer Park
Konrad-Adenauer-Brücke
Pützchens Chaussee
59
GEWERBEGEBIET BEUEL OST
Königswinterer Straße
Franz-Elbern-Stadion
27
28
Petra-Kelly-allee
25
GODESBERGER ALLEE
FRIEDRICH-EBERT-ALLEE
29
Friesdorfer Straße
Hochkreuz-allee
26
Servatiusstr.
24
Rhein
SANKT AUGUSTINER STRASSE
19
17
Goetheallee
20
KENNEDYBRÜCKE
Ernst-Moritz-Arndt-Garten
23
Dottendorfer Str.
Hofgarten
VENUSBERG
REUTERSTRASSE
STERNENBURGSTR.
Botanischer Garten
33
KÖLNSTRASSE
GEWERBEGEBIET VERTEILERKREIS
OXFORD STR.
BORNHEIMER STRASSE
GEWERBEGEBIET GRÜNDUNGSZENTRUM
ENDENICHER STR.
40
37
Levelingweg
39
38
565
1
32
IPPENDORFER ALLEE
Gudenauer Weg
REICHSSTRA
HERMANN-WANDERSLEB-RING
PROVINZIALSTRASSE
4
565
Brüser Damm
555
Oppelner Straße
Hohe Straße
Am Krähenhorst
21
Bonner Weg
ROCHUSSTRASSE
Villemombler Straße
Julius-Leber-Str.
Fontainengraben
Pascalstraße
KONRAD-ADENAUER-DAMM
AM BURGWEIHER
OEDEKOVEN
Dompfaffenweg
22
Grünzug Bonn Dransdorf
Grootestraße
Alfterer Straße
N
S
W

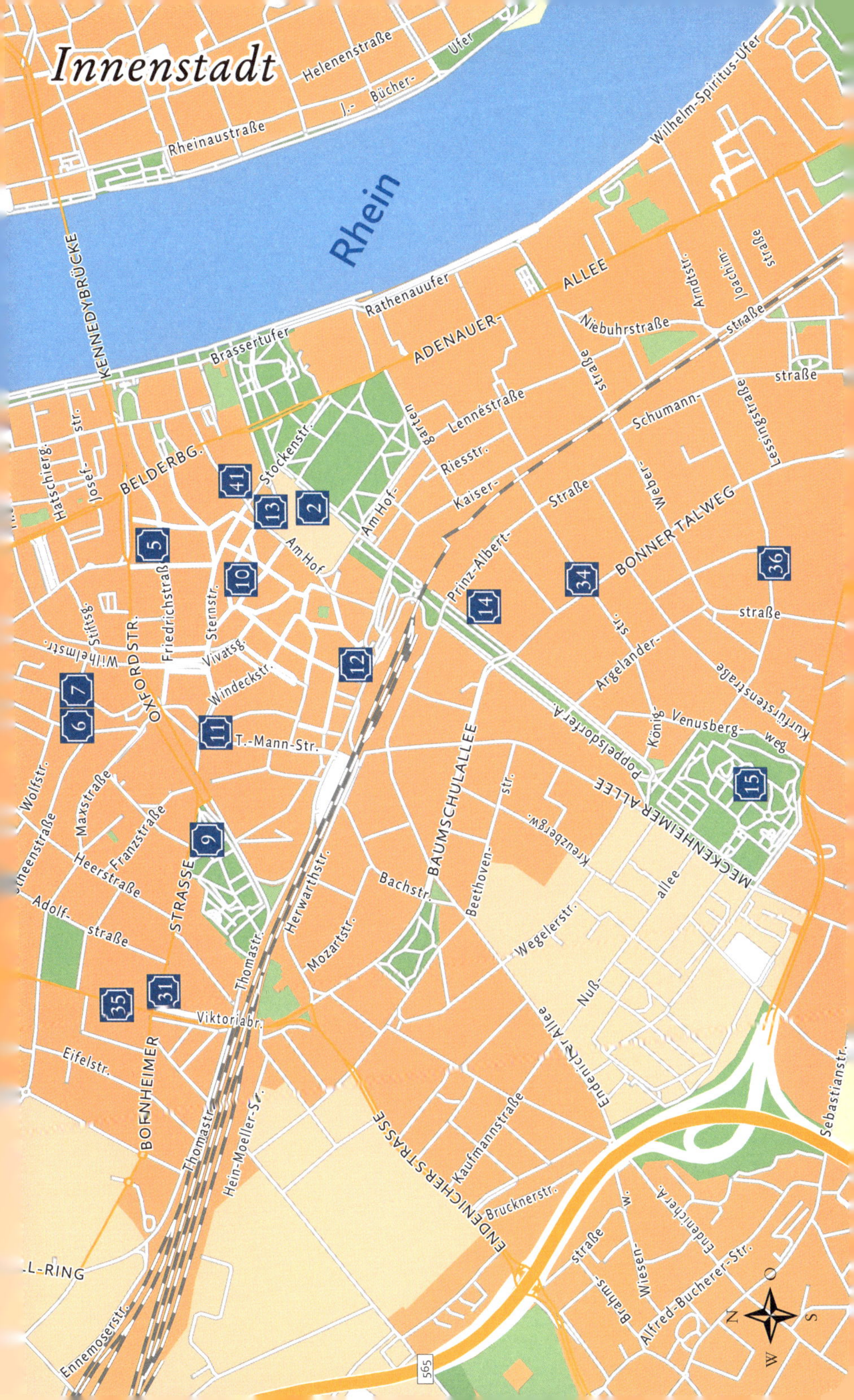
Innenstadt
Helenenstraße
Ufer
J.- Bücher-
Rheinaustraße
Wilhelm-Spiritus-Ufer
Rhein
KENNEDYBRÜCKE
Rathenauufer
ADENAUER-
ALLEE
Niebuhrstraße
Arndtstr.
Joachim-
straße
Brassertufer
straße
straße
Lennéstraße
garten
Schumann-
Lessingstraße
Stockenstr.
Riesstr.
BELDERBG.
Josef-
str.
Hatschierg.
Kaiser-
Straße
Weber-
BONNER TALWEG
Am Hof-
Am Hof
Prinz-Albert-
Friedrichstraße
Sternstr.
Stiftsg.
OXFORDSTR.
Wilhelmstr.
Vivatsg.
Windeckstr.
str.
Argelander-
straße
Kurfürstenstraße
T.-Mann-Str.
König
Venusberg-
weg
Poppelsdorfer A.
BAUMSCHULALLEE
MECKENHEIMER ALLEE
Wolfstr.
Maxstraße
Franzstraße
Heerstraße
Adolf-
straße
STRASSE
Herwarthstr.
Bachstr.
Beethoven-
str.
Kreuzbergw.
allee
Mozartstr.
Wegelerstr.
Thomastr.
Viktoriabr.
Nuß-
Endenicher Allee
Eifelstr.
BORNHEIMER
Thomastr.
Hein-Moeller-Str.
ENDENICHER STRASSE
Kaufmannstraße
Brucknerstr.
Sebastianstr.
L-RING
straße
Brahms-
w.
Wiesen-
Endenicher A.
Alfred-Bucherer-Str.
Ennemoserstr.
565
N
O
S
W
2
5
6
7
9
10
11
12
13
14
15
31
34
35
36
41

Bildverzeichnis

Sofern hier nicht erwähnt, stammen alle Bilder von Julia Anspach.

Innenseiten:
unbekannt, mit freundl. Gen. d. Archivs d. Universität Bonn 18; Julia Anspach, mit freundl. Genehm. d. Universität Bonn 20; Julia Anspach, mit freundl. Gen. d. Frauenmuseums Bonn 22, 24; Jörn Wolter, mit freundl. Gen. v. Telekom Baskets Bonn 26, 28, 29; Julia Anspach, mit freundl. Gen. v. Beethoven-Haus Bonn 30, 32, 34; Beethoven-Haus Bonn 35; Julia Anspach, mit freundl. Gen. v. Nachtcafé Lichtblick 36, 38; Georg Merziger, mit freundl. Gen. v. Nachtcafé Lichtblick 39; mit freundl. Gen. v. Die Linke 40; Scan, mit freundl. Gen. v. Jürgen Repschläger 42; Julia Anspach, mit freundl. Gen. v. Jürgen Repschläger 43; Julia Anspach, mit freundl. Gen. d. Bundesstadt Bonn 50, 52, 53; Julia Anspach, mit freundl. Gen. v. James Joyce Irish Pub 54, 56, 57; Julia Anspach, mit freundl. Gen. v. Salvatore Team & Sohn 58, 60, 61; Ruth Maria Braun, mit freundl. Gen. d. Polizei Bonn 62, 64, 65; Julia Anspach, mit freundl. Gen. d. Archivs der Rheinischen Friedrich-Wilhelms-Universität Bonn 66, 68, 70; unbekannt, mit freundl. Gen. v. Yair Landau 72; Ernst Linderoth, mit freundl. Gen. v. Stadtarchiv und Stadthistorischer Bibliothek Bonn 73; Julia Anspach, mit freundl. Gen. d. Universität Bonn 74, 76, 77; DLR 84, 85; Ursula Kaufmann, mit freundl. Gen. v. Theater Marabu 86, 88; Julia Anspach, mit freundl. Gen. v. Theater Marabu 89; privat, mit freundl. Gen. v. Wolfgang Kaes 92; Julia Anspach, mit freundl. Gen. v. Radio Bonn/Rhein-Sieg 96; Julia Anspach, mit freundl. Gen. v. Susanne Schimanowski-Wagner 98; privat, mit freundl. Gen. v. Susanne Schimanowski-Wagner 100; Susanne Schimanowski-Wagner, mit freundl. Gen. v. Radio Bonn/Rhein-Sieg 101; Julia Anspach, mit freundl. Gen. v. Sr. Nicola Boers 102, 104; Julia Anspach, mit freundl. Gen. d. Synagogengemeinde Bonn 106, 108, 110; Barbara Frommann, mit freundl. Gen. d. ZFMK 112; ZFMK, Bonn 113; Eva Kulage, mit freundl. Gen. v. UN Bonn 114; Volker Lannert, mit freundl. Gen. v. UN Bonn 115; Susanna Heraucourt, mit freundl. Gen. v. BaseCamp Young Hostel Bonn 116; Julia Anspach, mit freundl. Gen. v. BaseCamp Young Hostel Bonn 118; BaseCamp Bonn UG, mit freundl. Gen. v. Base Camp Young Hostel Bonn 119; Julia Anspach, mit freundl. Gen. v. KUNST!RASEN 120, 121; Deutsche Post DHL Group 122; Julia Anspach, mit freundl. Gen. v. AsA e. V. 126, 127; Stadtarchiv und Stadthistorische Bibliothek Bonn, Bildsammlung 128; Stadtarchiv und Stadthistorische Bibliothek Bonn, Postkartensammlung 130; Julia Anspach, mit freundl. Gen. v. DITIB Türkisch Islamische Gemeinde zu Bonn e.V. 134, 136; Julia Anspach, mit freundl. Gen. v. Katrin Reinhold, d. Vereins Schumannhaus Bonn e. V. 138; Julia Anspach, mit freundl. Gen. v. Katrin Reinhold, d. Vereins Schumannhaus Bonn e. V. u. d. Bundesstadt Bonn

140, 142, 143; Julia Anspach, mit freundl. Gen. v. Thomas Spannuth 144; Dr. Ekkehard Schleip, mit freundl. Gen. v. SC Loetters und IHK Bonn/Rhein-Sieg 146, 148; Günter Weber, Bonn, mit freundl. Gen. v. Direktion August Macke Haus 150; (August Macke, Elisabeth mit Buntem Buch, 1910, Öl auf Leinwand, 39 x 28,5 cm, August Macke Haus, Dauerleihgabe aus Privatbesitz); Julia Anspach, mit freundl. Gen. d. Volxbühne 154; Jürgen Klack, Andrea Brenn, mit freundl. Gen. d. Volxbühne 156; Julia Anspach, mit freundl. Gen. d. Bonner Sport-Club 01/04 e.V. 158; Boris Hempel, mit freundl. Gen. d. Bonner Sport-Club 01/04 e.V. 160, 161; Thomas Adel, mit freundl. Gen. v. Dorothee Henneberger 162; Julia Anspach, mit freundl. Gen. v. Dorothee Henneberger 164; Julia Anspach, mit freundl. Gen. v. William Verpoorten 166, 168; VERPOORTEN, Bonn 169; Daniel Dal Zennaro, picture alliance/dpa 170; Julia Anspach, mit freundl. Gen. d. Bundesstadt Bonn 172, 173; Michael Sondermann, mit freundl. Gen. d. Bundesstadt Bonn 174, 176, 178

Umschlag:

Lena Schöneborn: Daniel Dal Zennaro, picture alliance/dpa; Pützchens Markt: Julia Anspach; Marianne Pitzen: Julia Anspach, mit freundl. Gen. d. Frauenmuseums Bonn; Fotos von Clara und Robert Schumann: Julia Anspach, mit freundl. Gen. v. Katrin Reinhold, d. Vereins Schumannhaus Bonn e.V. u. d. Bundesstadt Bonn; Bernhard Hoëcker: Julia Anspach; Poppelsdorfer Schloss: Julia Anspach; Norbert Blüm: Julia Anspach; Telekom Dome: Jörn Wolter, mit freundl. Gen. v. Telekom Baskets Bonn; Dr. Alice Fišer: Eva Kulage, mit freundl. Gen. v. UN Bonn; BaseCamp Young Hostel: Julia Anspach, mit freundl. Gen. v. BaseCamp Young Hostel Bonn; William Verpoorten: Julia Anspach, mit freundl. Gen. v. William Verpoorten; Rheinische Friedrich-Wilhelms-Universität Bonn: Julia Anspach; Beethovendenkmal: hanseat/Fotolia.de

Quellenverzeichnis

Beitrag 4 – Wolfgang Wiedlich:

Die Telekom Baskets haben Leuchtturm-Funktion für die Stadt Bonn, in: WHU – Otto Beisheim School of Management: Prof. Dr. S. L. Schmidt et al. (Hrsg.). Bonn: Die Stadt, in der das Runde nicht ins Eckige muss. Die ökonomische und gesellschaftliche Wirkung der Telekom Baskets Bonn, Düsseldorf 2014

Beitrag 55 – Elisabeth Erdmann-Macke:

Elisabeth Erdmann-Macke: Erinnerung an August Macke, ©Fischer Taschenbuch Verlag GmbH, Frankfurt am Main 1987, Seite 51–53 sowie 213 und 214

STEFAN KELLER
Stirb, Romeo!

978-3-8392-1979-9 (Paperback)
978-3-8392-5211-6 (pdf)
978-3-8392-5210-9 (epub)

LIEBE UND VERRAT »Wenn wir nicht wachsam sind, verlieren wir unsere Freiheit. Wir müssen Dinge tun, die nicht schön sind, damit Leute wie Sie in Frieden, Sicherheit und Freiheit leben können.« »Was mich betrifft, habe ich gerade nicht den Eindruck, dass Sie damit sehr erfolgreich sind.« Bonn, 1984. Vera Marx arbeitet als Sekretärin im Bundesverteidigungsministerium. Als sie den attraktiven Musiker Yannick Moreno kennenlernt, lässt sie sich auf eine Affäre mit ihm ein. Kurze Zeit später gerät sie ins Visier des BND. Moreno soll ein Stasi-Agent sein, ein sogenannter Romeo, auf sie angesetzt, um an geheime Informationen des Verteidigungsministeriums zu gelangen. Vera gerät zwischen die Fronten des Kalten Krieges, in einen Machtkampf von Stasi und BND. Nur sie selbst kann in Ostberlin herausfinden, wem sie vertrauen darf …

KARIN JOACHIM
Krähenzeit

978-3-8392-1544-9 (Paperback)
978-3-8392-4125-7 (pdf)
978-3-8392-4124-0 (epub)

SEIN ODER SCHEIN? Im idyllischen Ahrtal erholt sich Jana Vogt von ihrem letzten Einsatz als Tatortfotografin bei der Kölner Kripo. Allerdings währt die entspannte Ruhe nicht lange. Kaum hat sie zum ersten Mal ihre Wanderschuhe geschnürt, als ihr Hund Usti in einem Weinberg zwischen Ahrweiler und Marienthal eine Leiche findet. Während der Koblenzer Kommissar Wieland die Ermittlungen aufnimmt, siegt Janas Neugier. Sie beginnt sich umzuhören und erfährt immer mehr über die Ortsgeschichte, nicht ahnend, dass sie damit den Mörder gegen sich aufbringt.

»Lieblingsplätze«

für Einheimische, Besucher und Neugierige

Besuchen Sie besondere Orte des Fürstentums Liechtenstein, folgen Sie der Rhön durch Bayern, Hessen und Thühringen oder lassen Sie das märchenhafte Kassel auf sich wirken. Reisen Sie zur Schwäbischen Alb auf der Suche nach Keltengold oder entdecken Sie die Schönheit der Lüneburger Heide. Ob eine Expedition in den Westerwald, ein Ausflug in den Schwarzwald oder ein Kurztripp ins Berliner Umland: Erleben Sie mit unseren Lieblingsplätzen die Vielfalt Deutschlands, Österreichs, Italiens und der Schweiz!

Mit Stadtporträts die Heimat neu entdecken!

Was macht eine Stadt aus? Die Architektur? Die Sehenswürdigkeiten? Nein, es sind die Menschen, die einer Stadt ihr Gesicht verleihen und sie zu dem machen, was sie ist. Unsere Stadtgespräche stellen diese Menschen und ihre Geschichten in Bild und Wort vor. Originale und Prominente erzählen ebenso wie Leute von nebenan Anekdoten, Kurioses und Überraschendes aus ihrer Heimat. Aus den vielen persönlichen Mosaiksteinchen entsteht ein einzigartiges Porträt der Stadt – bunt, lebendig und menschlich.

978-3-8392-1900-3

978-3-8392-1902-7

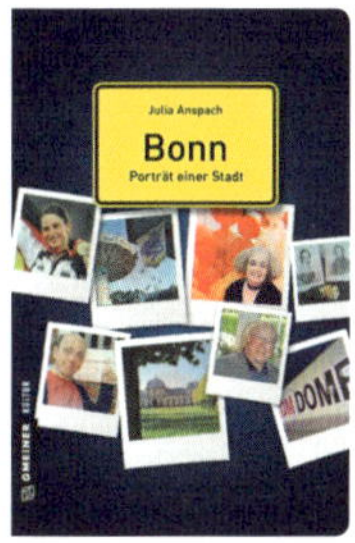

978-3-8392-1988-1

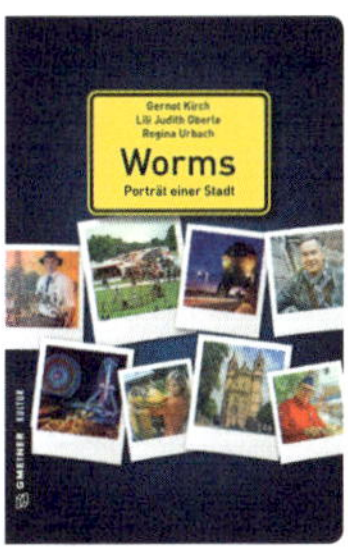

978-3-8392-1990-4

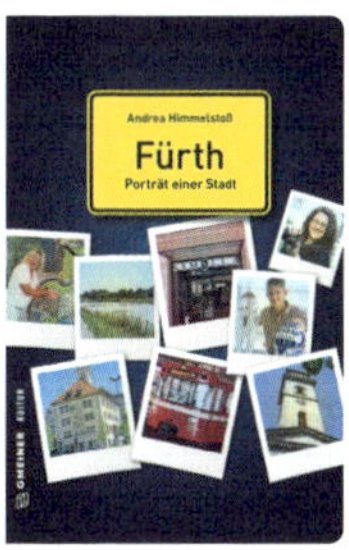

978-3-8392-1991-1

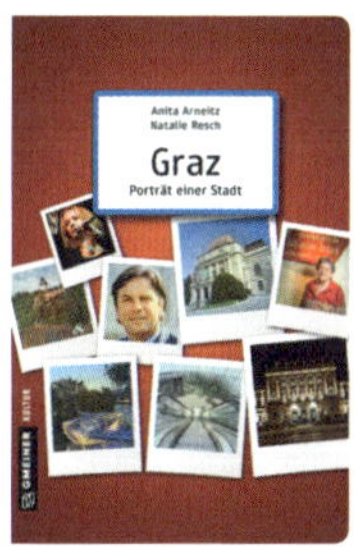

978-3-8392-1992-8

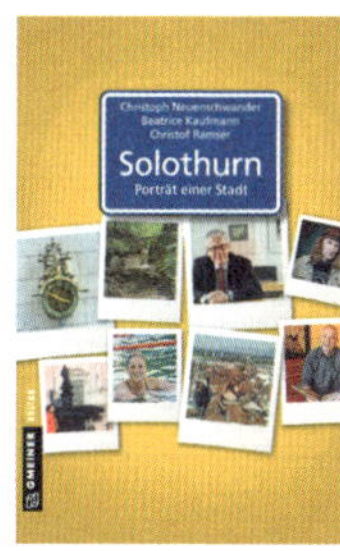

978-3-8392-1989-8

NEUE, KURIOSE UND SPANNENDE GESCHICHTEN AUS IHRER STADT

WEITERE TITEL AUF WWW.GMEINER-VERLAG.DE

GMEINER KULTUR

WWW.GMEINER-VERLAG.DE
Mensch, Kultur, Region

Mit Stadtporträts die Heimat neu entdecken!

ITZEHOE ELMSHORN LÜBECK HAMBURG BERLIN MITTE
NEUKÖLLN WITTEN GELSENKIRCHEN HAGEN BONN
LEIPZIG DRESDEN FRANKFURT A.M. WORMS BAYREUTH
ERLANGEN NÜRNBERG FÜRTH SCHWETZINGEN HEIDELBER
BAD MERGENTHEIM KARLSRUHE ROTTENBURG A.N. BALINGE
ULM MEMMINGEN LINDAU KEMPTEN MÜNCHEN
ROSENHEIM BASEL SOLOTHURN BERN GRAZ WIEN

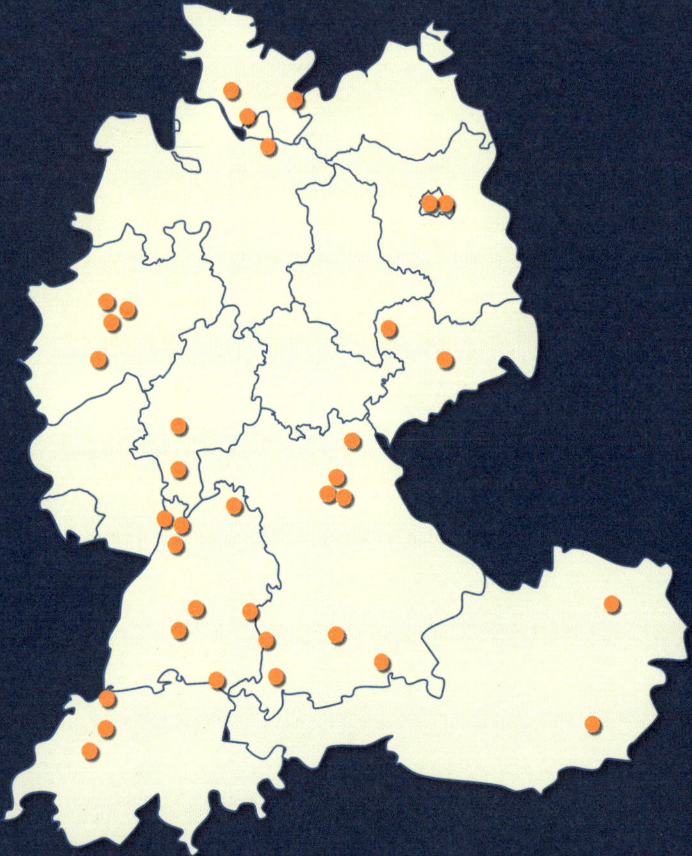

KULTUR

GMEINER

WWW.GMEINER-VERLAG.

Mensch, Kultur, Regi